LES CINQ CENTS MILLIONS DE LA BEGUM

JULES VERNE

Guido Montelupo

LES CINQ CENTS MILLIONS DE LA BEGUM (1879)

JULES VERNE (1828-1905)

LES CINQ CENTS MILLIONS DE LA BEGUM

I OU MR. SHARP FAIT SON ENTREE

<< Ces journaux anglais sont vraiment bien faits ! >> se dit à lui-même le bon docteur en se renversant dans un grand fauteuil de cuir.

Le docteur Sarrasin avait toute sa vie pratiqué le monologue, qui est une des formes de la distraction.

C'était un homme de cinquante ans, aux traits fins, aux yeux vifs et purs sous leurs lunettes d'acier, de physionomie à la fois grave et aimable, un de ces individus dont on se dit à première vue : voilà un brave homme. A cette heure matinale, bien que sa tenue ne trahît aucune recherche, le docteur était déjà rasé de frais et cravaté de blanc.

Sur le tapis, sur les meubles de sa chambre d'hôtel, à Brighton, s'étalaient le *Times*, le *Daily Telegraph*, le *Daily News*. Dix heures sonnaient à peine, et le docteur avait eu le temps de faire le tour de la ville, de visiter un hôpital, de rentrer à son hôtel et de lire dans les principaux journaux de Londres le compte rendu *in extenso* d'un mémoire qu'il avait présenté l'avant-veille au grand Congrès international d'Hygiène, sur un << compte-globules du sang >> dont il était l'inventeur.

Devant lui, un plateau, recouvert d'une nappe blanche, contenait une côtelette cuite à point, une tasse de thé fumant et quelques-unes de ces rôties au beurre que les cuisinières anglaises font à merveille, grâce aux petits pains spéciaux que les boulangers leur fournissent.

<< Oui, répétait-il, ces journaux du Royaume-Uni sont vraiment très bien faits, on ne peut pas dire le contraire !... Le speech du vice- président, la réponse du docteur Cicogna, de Naples, les développements de mon mémoire, tout y est saisi au vol, pris sur le fait, photographié. >>

<< La parole est au docteur Sarrasin, de Douai. L'honorable associé s'exprime en français. "Mes auditeurs m'excuseront, dit-il en débutant, si je prends cette liberté; mais ils comprennent assurément mieux ma langue que je ne saurais parler la leur..." >>

<< Cinq colonnes en petit texte !... Je ne sais pas lequel vaut mieux du compte rendu du *Times* ou de celui du *Telegraph*... On n'est pas plus exact et plus précis>>

Le docteur Sarrasin en était là de ses réflexions, lorsque le maître des cérémonies lui-même -   on n'oserait donner un moindre titre à un personnage si correctement vêtu de noir - frappa à la porte et demanda si << monsiou >> était visible...

<< Monsiou >> est une appellation générale que les Anglais se croient obligés d'appliquer à tous les Français indistinctement, de même qu'ils s'imagineraient manquer à toutes les règles de la civilité en ne désignant pas un Italien sous le titre de << Signor >> et un Allemand sous celui de << Herr >>. Peut-être, au surplus, ont-ils raison. Cette habitude routinière a incontestablement l'avantage d'indiquer d'emblée la nationalité des gens.

Le docteur Sarrasin avait pris la carte qui lui était présentée. Assez étonné de recevoir une visite en un pays où il ne connaissait personne, il le fut plus encore lorsqu'il lut sur le carré de papier minuscule :

<< MR. SHARP, *solicitor*, << 93, *Southampton row* << LONDON. >>

Il savait qu'un << solicitor >> est le congénère anglais d'un avoué, ou plutôt homme de loi hybride, intermédiaire entre le notaire, l'avoué et l'avocat, - le procureur d'autrefois.

<< Que diable puis-je avoir à démêler avec Mr. Sharp ? se demanda-t-il. Est-ce que je me serais fait sans y songer une mauvaise affaire ?... >>

<< Vous êtes bien sûr que c'est pour moi ? reprit-il.

- Oh ! yes, monsiou.

- Eh bien ! Faites entrer. >>

Le maître des cérémonies introduisit un homme jeune encore, que le docteur, à première vue, classa dans la grande famille des << têtes de mort >>. Ses lèvres minces ou plutôt desséchées, ses longues dents blanches, ses cavités temporales presque à nu sous une peau parcheminée, son teint de momie et ses petits yeux gris au regard de vrille lui donnaient des titres incontestables à cette qualification. Son squelette disparaissait des talons à l'occiput sous un << ulster-coat >> à grands carreaux, et dans sa main il serrait la poignée d'un sac de voyage en cuir verni.

Ce personnage entra, salua rapidement, posa à terre son sac et son chapeau, s'assit sans en demander la permission et dit :

<< William Henry Sharp junior, associé de la maison Billows, Green, Sharp & Co. C'est bien au docteur Sarrasin que j'ai l'honneur ?...

- Oui, monsieur.

- François Sarrasin ?

- C'est en effet mon nom.

- De Douai ?

- Douai est ma résidence.

- Votre père s'appelait Isidore Sarrasin ?

- C'est exact.
- Nous disons donc qu'il s'appelait Isidore Sarrasin. >>

Mr. Sharp tira un calepin de sa poche, le consulta et reprit :

<< Isidore Sarrasin est mort à Paris en 1857, VIème arrondissement, rue Taranne, numéro 54, hôtel des Ecoles, actuellement démoli.

- En effet, dit le docteur, de plus en plus surpris. Mais voudriez-vous m'expliquer ?...
- Le nom de sa mère était Julie Langévol, poursuivit Mr. Sharp, imperturbable. Elle était originaire de Bar-le-Duc, fille de Bénédict Langévol, demeurant impasse Loriol mort en 1812, ainsi qu'il appert des registres de la municipalité de ladite ville... Ces registres sont une institution bien précieuse, monsieur, bien précieuse !... Hem !... hem !... et soeur de Jean-Jacques Langévol, tambour-major au 36ème léger...
- Je vous avoue, dit ici le docteur Sarrasin, émerveillé par cette connaissance approfondie de sa généalogie, que vous paraissez sur ces divers points mieux informé que moi. Il est vrai que le nom de famille de ma grand-mère était Langévol, mais c'est tout ce que je sais d'elle.
- Elle quitta vers 1807 la ville de Bar-le-Duc avec votre grand-père, Jean Sarrasin, qu'elle avait épousé en 1799. Tous deux allèrent s'établir à Melun comme ferblantiers et y restèrent jusqu'en 1811, date de la mort de Julie Langévol, femme Sarrasin. De leur mariage, il n'y avait qu'un enfant, Isidore Sarrasin, votre père. A dater de ce moment, le fil est perdu, sauf pour la date de la mort d'icelui, retrouvée à Paris...
- Je puis rattacher ce fil, dit le docteur, entraîné malgré lui par cette précision toute mathématique. Mon grand-père vint s'établir à Paris pour l'éducation de son fils, qui se destinait à la carrière médicale. Il mourut, en 1832, à Palaiseau, près Versailles, où mon père exerçait sa profession et où je suis né moi-même en 1822.
- Vous êtes mon homme, reprit Mr. Sharp. Pas de frères ni de soeurs ?...
- Non ! j'étais fils unique, et ma mère est morte deux ans après ma naissance... Mais enfin, monsieur, me direz vous ?... >>

Mr. Sharp se leva.

<< Sir Bryah Jowahir Mothooranath, dit-il, en prononçant ces noms avec le respect que tout Anglais professe pour les titres nobiliaires, je suis heureux de vous avoir découvert et d'être le premier à vous présenter mes hommages ! >>

<< Cet homme est aliéné, pensa le docteur. C'est assez fréquent chez les "têtes de mort". >>

Le solicitor lut ce diagnostic dans ses yeux.

« Je ne suis pas fou le moins du monde, répondit-il avec calme. Vous êtes, à l'heure actuelle, le seul héritier connu du titre de baronnet, concédé, sur la présentation du gouverneur général de la province de Bengale, à Jean-Jacques Langévol, naturalisé sujet anglais en 1819, veuf de la Bégum Gokool, usufruitier de ses biens, et décédé en 1841, ne laissant qu'un fils, lequel est mort idiot et sans postérité, incapable et intestat, en 1869. La succession s'élevait, il y a trente ans, à environ cinq millions de livres sterling. Elle est restée sous séquestre et tutelle, et les intérêts en ont été capitalisés presque intégralement pendant la vie du fils imbécile de Jean-Jacques Langévol. Cette succession a été évaluée en 1870 au chiffre rond de vingt et un millions de livres sterling, soit cinq cent vingt-cinq millions de francs. En exécution d'un jugement du tribunal d'Agra, confirmé par la cour de Delhi, homologué par le Conseil privé, les biens immeubles et mobiliers ont été vendus, les valeurs réalisées, et le total a été placé en dépôt à la Banque d'Angleterre. Il est actuellement de cinq cent vingt-sept millions de francs, que vous pourrez retirer avec un simple chèque, aussitôt après avoir fait vos preuves généalogiques en cour de chancellerie, et sur lesquels je m'offre dès aujourd'hui à vous faire avancer par M. Trollop, Smith & Co., banquiers, n'importe quel acompte à valoir... »

Le docteur Sarrasin était pétrifié. Il resta un instant sans trouver un mot à dire. Puis, mordu par un remords d'esprit critique et ne pouvant accepter comme fait expérimental ce rêve des *Mille et une nuits*, il s'écria :

« Mais, au bout du compte, monsieur, quelles preuves me donnerez-vous de cette histoire, et comment avez-vous été conduit à me découvrir ?

- Les preuves sont ici, répondit Mr. Sharp, en tapant sur le sac de cuir verni. Quant à la manière dont je vous ai trouvé, elle est fort naturelle. Il y a cinq ans que je vous cherche. L'invention des proches, ou « next of kin », comme nous disons en droit anglais, pour les nombreuses successions en déshérence qui sont enregistrées tous les ans dans les possessions britanniques, est une spécialité de notre maison. Or, précisément, l'héritage de la Bégum Gokool exerce notre activité depuis un lustre entier. Nous avons porté nos investigations de tous côtés, passé en revue des centaines de familles Sarrasin, sans trouver celle qui était issue d'Isidore. J'étais même arrivé à la conviction qu'il n'y avait pas un autre Sarrasin en France, quand j'ai été frappé hier matin, en lisant dans le *Daily News* le compte rendu du Congrès d'Hygiène, d'y voir un docteur de ce nom qui ne m'était pas connu. Recourant aussitôt à mes notes et aux milliers de fiches manuscrites que nous avons rassemblées au sujet de cette succession, j'ai constaté avec étonnement que la ville de Douai avait échappé à notre attention. Presque sûr désormais d'être sur la piste, j'ai pris le train de Brighton, je vous ai vu à la sortie du Congrès, et ma conviction a été faite. Vous êtes le portrait vivant de votre grand-oncle Langévol, tel qu'il est représenté dans une photographie de lui que nous possédons, d'après une toile du peintre indien Saranoni. »

Mr. Sharp tira de son calepin une photographie et la passa au docteur Sarrasin. Cette photographie représentait un homme de haute taille avec une barbe splendide, un turban à aigrette et une robe de brocart chamarrée de vert, dans cette attitude particulière aux portraits historiques d'un général en chef qui écrit un ordre d'attaque en regardant attentivement le spectateur. Au second plan, on distinguait vaguement la fumée d'une bataille et une charge de cavalerie.

<< Ces pièces vous en diront plus long que moi, reprit Mr. Sharp. Je vais vous les laisser et je reviendrai dans deux heures, si vous voulez bien me le permettre, prendre vos ordres. >>

Ce disant, Mr. Sharp tira des flancs du sac verni sept à huit volumes de dossiers, les uns imprimés, les autres manuscrits, les déposa sur la table et sortit à reculons, en murmurant :

<< Sir Bryah Jowahir Mothooranath, j'ai l'honneur de vous saluer. >>

Moitié croyant, moitié sceptique, le docteur prit les dossiers et commença à les feuilleter.

Un examen rapide suffit pour lui démontrer que l'histoire était parfaitement vraie et dissipa tous ses doutes. Comment hésiter, par exemple, en présence d'un document imprimé sous ce titre :

<< *Rapport aux Très Honorables Lords du Conseil privé de la Reine, déposé le 5 janvier 1870, concernant la succession vacante de la Bégum Gokool de Ragginahra, province de Bengale.*

Points de fait. - Il s'agit en la cause des droits de propriété de certains mehals et de quarante-trois mille beegales de terre arable, ensemble de divers édifices, palais, bâtiments d'exploitation, villages, objets mobiliers, trésors, armes, etc., provenant de la succession de la Bégum Gokool de Ragginahra. Des exposés soumis successivement au tribunal civil d'Agra et à la Cour supérieure de Delhi, il résulte qu'en 1819, la Bégum Gokool, veuve du rajah Luckmissur et héritière de son propre chef de biens considérables, épousa un étranger, français d'origine, du nom de Jean-Jacques Langévol. Cet étranger, après avoir servi jusqu'en 1815 dans l'armée française, où il avait eu le grade de sous-officier (tambour-major) au 36ème léger, s'embarqua à Nantes, lors du licenciement de l'armée de la Loire, comme subrécargue d'un navire de commerce. Il arriva à Calcutta, passa dans l'intérieur et obtint bientôt les fonctions de capitaine instructeur dans la petite armée indigène que le rajah Luckmissur était autorisé à entretenir. De ce grade, il ne tarda pas à s'élever à celui de commandant en chef, et, peu de temps après la mort du rajah, il obtint la main de sa veuve. Diverses considérations de politique coloniale, et des services importants rendus dans une circonstance périlleuse aux Européens d'Agra par Jean-Jacques Langévol, qui s'était fait naturaliser sujet britannique, conduisirent le gouverneur général de la province de Bengale à demander et obtenir pour l'époux de la Bégum le titre de baronnet. La terre de Bryah Jowahir Mothooranath fut alors érigée en fief. La Bégum mourut en 1839, laissant l'usufruit de ses biens à Langévol, qui la suivit deux ans plus tard dans la tombe. De leur mariage il n'y avait qu'un fils en état d'imbécillité depuis son bas âge, et qu'il fallut immédiatement placer sous tutelle. Ses biens ont été fidèlement administrés jusqu'à sa mort, survenue en 1869. Il n'y a point d'héritiers connus de cette immense succession. Le tribunal d'Agra et la Cour de Delhi en ayant ordonné la licitation, à la requête du gouvernement local agissant au nom de l'Etat, nous avons l'honneur de demander aux Lords du Conseil privé l'homologation de ces jugements, etc. >> Suivaient les signatures.

Des copies certifiées des jugements d'Agra et de Delhi, des actes de vente, des ordres donnés pour le dépôt du capital à la Banque d'Angleterre, un historique des recherches faites en France pour retrouver des héritiers Langévol, et toute une masse imposante de documents du même ordre, ne permirent bientôt plus la moindre hésitation au docteur Sarrasin. Il était bien et dûment le << next of kin >> et successeur de la Bégum. Entre lui et les cinq cent vingt-sept millions déposés dans les caves de la Banque, il n'y avait plus que l'épaisseur d'un jugement de forme, sur simple production des actes authentiques de naissance et de décès !

Un pareil coup de fortune avait de quoi éblouir l'esprit le plus calme, et le bon docteur ne put entièrement échapper à l'émotion qu'une certitude aussi inattendue était faite pour causer. Toutefois, son émotion fut de courte durée et ne se traduisit que par une rapide promenade de quelques minutes à travers la chambre. Il reprit ensuite possession de lui-même, se reprocha comme une faiblesse cette fièvre passagère, et, se jetant dans son fauteuil, il resta quelque temps absorbé en de profondes réflexions.

Puis, tout à coup, il se remit à marcher de long en large. Mais, cette fois, ses yeux brillaient d'une flamme pure, et l'on voyait qu'une pensée généreuse et noble se développait en lui. Il l'accueillit, la caressa, la choya, et, finalement, l'adopta.

A ce moment, on frappa à la porte. Mr. Sharp revenait.

<< Je vous demande pardon de mes doutes, lui dit cordialement le docteur. Me voici convaincu et mille fois votre obligé pour les peines que vous vous êtes données.

- Pas obligé du tout... simple affaire... mon métier.... répondit Mr. Sharp. Puis-je espérer que Sir Bryah me conservera sa clientèle ?

- Cela va sans dire. Je remets toute l'affaire entre vos mains... Je vous demanderai seulement de renoncer à me donner ce titre absurde... >>

Absurde ! Un titre qui vaut vingt et un millions sterling ! disait la physionomie de Mr. Sharp ; mais il était trop bon courtisan pour ne pas céder.

<< Comme il vous plaira, vous êtes le maître, répondit-il. Je vais reprendre le train de Londres et attendre vos ordres.

- Puis-je garder ces documents ? demanda le docteur.

- Parfaitement, nous en avons copie. >>

Le docteur Sarrasin, resté seul, s'assit à son bureau, prit une feuille de papier à lettres et écrivit ce qui suit :

<< Brighton, 28 octobre 1871.

<< Mon cher enfant, il nous arrive une fortune énorme, colossale, insensée ! Ne me crois pas atteint d'aliénation mentale et lis les deux ou trois pièces imprimées que je joins à ma lettre. Tu y verras clairement que je me trouve l'héritier d'un titre de baronnet anglais ou plutôt indien, et d'un capital qui dépasse un demi-milliard de francs, actuellement déposé à la Banque d'Angleterre. Je ne doute pas, mon cher Octave, des sentiments avec lesquels tu recevras cette nouvelle. Comme moi, tu comprendras les devoirs nouveaux qu'une telle fortune nous impose, et les dangers qu'elle peut faire courir à notre sagesse. Il y a une heure à peine que j'ai connaissance du fait, et déjà le souci d'une pareille responsabilité étouffe à demi la joie qu'en pensant à toi la certitude acquise m'avait d'abord causée. Peut-être ce changement sera-t-il fatal dans nos destinées... Modestes pionniers de la science, nous étions heureux dans notre obscurité. Le serons-nous encore ? Non, peut-être, à moins... Mais je n'ose te parler d'une idée arrêtée dans ma pensée... à moins que cette fortune même ne devienne en nos mains un nouvel et puissant appareil scientifique, un outil prodigieux de civilisation !... Nous en recauserons. Ecris-moi, dis-moi bien vite quelle impression te cause cette grosse nouvelle et charge-toi de l'apprendre à ta mère. Je suis assuré qu'en femme sensée, elle l'accueillera avec calme et tranquillité. Quant à ta soeur, elle est trop jeune encore pour que rien de pareil lui fasse perdre la tête. D'ailleurs, elle est déjà solide, sa petite tête, et dut-elle comprendre toutes les conséquences possibles de la nouvelle que je t'annonce, je suis sûr qu'elle sera de nous tous celle que ce changement survenu dans notre position troublera le moins. Une bonne poignée de main à Marcel. Il n'est absent d'aucun de mes projets d'avenir.

<< Ton père affectionné, << Fr. Sarrasin << D.M.P. >>

Cette lettre placée sous enveloppe, avec les papiers les plus importants, à l'adresse de << Monsieur Octave Sarrasin, élève à l'Ecole centrale des Arts et Manufactures, 32, rue du Roi-de-Sicile, Paris >>, le docteur prit son chapeau, revêtit son pardessus et s'en alla au Congrès. Un quart d'heure plus tard, l'excellent homme ne songeait même plus à ses millions.

II   DEUX COPAINS

Octave Sarrasin, fils du docteur, n'était pas ce qu'on peut appeler proprement un paresseux. Il n'était ni sot ni d'une intelligence supérieure, ni beau ni laid, ni grand ni petit, ni brun ni blond. Il était châtain, et, en tout, membre-né de la classe moyenne. Au collège il obtenait généralement un second prix et deux ou trois accessits. Au baccalauréat, il avait eu la note << passable >>. Repoussé une première fois au concours de l'Ecole centrale, il avait été admis à la seconde épreuve avec le numéro 127. C'était un caractère indécis, un de ces esprits qui se contentent d'une certitude incomplète, qui vivent toujours dans l'à-peu-près et passent à travers la vie comme des clairs de lune. Ces sortes de gens sont aux mains de la destinée ce qu'un bouchon de liège est sur la crête d'une vague. Selon que le vent souffle du nord ou du midi, ils sont emportés vers l'équateur ou vers le pôle. C'est le hasard qui décide de leur carrière. Si le docteur Sarrasin ne se fût pas fait quelques illusions sur le caractère de son fils, peut-être aurait-il hésité avant de lui écrire la lettre qu'on a lue ; mais un peu d'aveuglement paternel est permis aux meilleurs esprits.

Le bonheur avait voulu qu'au début de son éducation, Octave tombât sous la domination d'une nature énergique dont l'influence un peu tyrannique mais bienfaisante s'était de vive force imposée à lui. Au lycée Charlemagne, où son père l'avait envoyé terminer ses études, Octave s'était lié d'une amitié étroite avec un de ses camarades, un Alsacien, Marcel Bruckmann, plus jeune que lui d'un an, mais qui l'avait bientôt écrasé de sa vigueur physique, intellectuelle et morale.

Marcel Bruckmann, resté orphelin à douze ans, avait hérité d'une petite rente qui suffisait tout juste à payer son collège. Sans Octave, qui l'emmenait en vacances chez ses parents, il n'eût jamais mis le pied hors des murs du lycée.

Il suivit de là que la famille du docteur Sarrasin fut bientôt celle du jeune Alsacien. D'une nature sensible, sous son apparente froideur, il comprit que toute sa vie devait appartenir à ces braves gens qui lui tenaient lieu de père et de mère. Il en arriva donc tout naturellement à adorer le docteur Sarrasin, sa femme et la gentille et déjà sérieuse fillette qui lui avaient rouvert le coeur. Mais ce fut par des faits, non par des paroles, qu'il leur prouva sa reconnaissance. En effet, il s'était donné la tâche agréable de faire de Jeanne, qui aimait l'étude, une jeune fille au sens droit, un esprit ferme et judicieux, et, en même temps, d'Octave un fils digne de son père. Cette dernière tâche, il faut bien le dire, le jeune homme la rendait moins facile que sa soeur, déjà supérieure pour son âge à son frère. Mais Marcel s'était promis d'atteindre son double but.

C'est que Marcel Bruckmann était un de ces champions vaillants et avisés que l'Alsace a coutume d'envoyer, tous les ans, combattre dans la grande lutte parisienne. Enfant, il se distinguait déjà par la dureté et la souplesse de ses muscles autant que par la vivacité de son intelligence. Il était tout volonté et tout courage au-dedans, comme il était au-dehors taillé à angles droits. Dès le collège, un besoin impérieux le tourmentait d'exceller en tout, aux barres comme à la balle, au gymnase comme au laboratoire de chimie. Qu'il manquât un prix à sa moisson annuelle, il pensait l'année perdue. C'était à vingt ans un grand corps déhanché et robuste, plein de vie et d'action, une machine organique au maximum de tension et de rendement. Sa tête intelligente était déjà de celles qui arrêtent le regard des esprits attentifs. Entré le second à l'Ecole centrale, la même année qu'Octave, il était résolu à en sortir le premier.

C'est d'ailleurs à son énergie persistante et surabondante pour deux hommes qu'Octave avait dû son admission. Un an durant, Marcel l'avait << pistonné >>, poussé au travail, de haute lutte obligé au succès. Il éprouvait pour cette nature faible et vacillante un sentiment de pitié amicale, pareil à celui qu'un lion pourrait accorder à un jeune chien. Il lui plaisait de fortifier, du surplus de sa sève, cette plante anémique et de la faire fructifier auprès de lui.

La guerre de 1870 était venue surprendre les deux amis au moment où ils passaient leurs examens. Dès le lendemain de la clôture du concours, Marcel, plein d'une douleur patriotique que ce qui menaçait Strasbourg et l'Alsace avait exaspérée, était allé s'engager au 31ème bataillon de chasseurs à pied. Aussitôt Octave avait suivi cet exemple.

Côte à côte, tous deux avaient fait aux avant-postes de Paris la dure campagne du siège. Marcel avait reçu à Champigny une balle au bras droit ; à Buzenval, une épaulette au bras gauche, Octave n'avait eu ni galon ni blessure. A vrai dire, ce n'était pas sa faute, car il avait toujours suivi son ami sous le feu. A peine était-il en arrière de six mètres. Mais ces six mètres-là étaient tout.

Depuis la paix et la reprise des travaux ordinaires, les deux étudiants habitaient ensemble deux chambres contiguës d'un modeste hôtel voisin de l'école. Les malheurs de la France, la séparation de l'Alsace et de la Lorraine, avaient imprimé au caractère de Marcel une maturité toute virile.

<< C'est affaire à la jeunesse française, disait-il, de réparer les fautes de ses pères, et c'est par le travail seul qu'elle peut y arriver. >>

Debout à cinq heures, il obligeait Octave à l'imiter. Il l'entraînait aux cours, et, à la sortie, ne le quittait pas d'une semelle. On rentrait pour se livrer au travail, en le coupant de temps à autre d'une pipe et d'une tasse de café. On se couchait à dix heures, le coeur satisfait, sinon content, et la cervelle pleine. Une partie de billard de temps en temps, un spectacle bien choisi, un concert du Conservatoire de loin en loin, une course à cheval jusqu'au bois de Verrières, une promenade en forêt, deux fois par semaine un assaut de boxe ou d'escrime, tels étaient leurs délassements. Octave manifestait bien par instants des velléités de révolte, et jetait un coup d'oeil d'envie sur des distractions moins recommandables. Il parlait d'aller voir Aristide Leroux qui << faisait son droit >>, à la brasserie Saint-Michel. Mais Marcel se moquait si rudement de ces fantaisies, qu'elles reculaient le plus souvent.

Le 29 octobre 1871, vers sept heures du soir, les deux amis étaient, selon leur coutume, assis côte à côte à la même table, sous l'abat-jour d'une lampe commune. Marcel était plongé corps et âme dans un problème, palpitant d'intérêt, de géométrie descriptive appliquée à la coupe des pierres. Octave procédait avec un soin religieux à la fabrication, malheureusement plus importante à son sens, d'un litre de café. C'était un des rares articles sur lesquels il se flattait d'exceller, - peut-être parce qu'il y trouvait l'occasion quotidienne d'échapper pour quelques minutes à la terrible nécessité d'aligner des équations, dont il lui paraissait que Marcel abusait un peu. Il faisait donc passer goutte à goutte son eau bouillante à travers une couche épaisse de moka en poudre, et ce bonheur tranquille aurait dû lui suffire. Mais l'assiduité de Marcel lui pesait comme un remords, et il éprouvait l'invincible besoin de la troubler de son bavardage.

<< Nous ferions bien d'acheter un percolateur, dit-il tout à coup. Ce filtre antique et solennel n'est plus à la hauteur de la civilisation.

- Achète un percolateur ! Cela t'empêchera peut-être de perdre une heure tous les soirs à cette cuisine >>, répondit Marcel.

Et il se remit à son problème.

<< Une voûte a pour intrados un ellipsoïde à trois axes inégaux. Soit A B D E l'ellipse de naissance qui renferme l'axe maximum oA = a, et l'axe moyen oB = b, tandis que l'axe minimum (o,o'c') est vertical et égal à c, ce qui rend la voûte surbaissée... >>

A ce moment, on frappa à la porte.

<< Une lettre pour M. Octave Sarrasin >>, dit le garçon de l'hôtel.

On peut penser si cette heureuse diversion fut bien accueillie du jeune étudiant.

<< C'est de mon père, fit Octave. Je reconnais l'écriture... Voilà ce qui s'appelle une missive, au moins >>, ajouta-t-il en soupesant à petits coups le paquet de papiers.

Marcel savait comme lui que le docteur était en Angleterre. Son passage à Paris, huit jours auparavant, avait même été signalé par un dîner de Sardanapale offert aux deux camarades dans un restaurant du Palais-Royal, jadis fameux, aujourd'hui démodé, mais que le docteur Sarrasin continuait de considérer comme le dernier mot du raffinement parisien.

<< Tu me diras si ton père te parle de son Congrès d'Hygiène, dit Marcel. C'est une bonne idée qu'il a eue d'aller là. Les savants français sont trop portés à s'isoler. >>

Et Marcel reprit son problème :

<< ... L'extrados sera formé par un ellipsoïde semblable au premier ayant son centre au-dessous de o' sur la verticale o. Après avoir marqué les foyers F1, F2, F3 des trois ellipses principales, nous traçons l'ellipse et l'hyperbole auxiliaires, dont les axes communs... >>

Un cri d'Octave lui fit relever la tête.

<< Qu'y a-t-il donc ? demanda-t-il, un peu inquiet en voyant son ami tout pâle.

- Lis ! >> dit l'autre, abasourdi par la nouvelle qu'il venait de recevoir.

Marcel prit la lettre, la lut jusqu'au bout, la relut une seconde fois, jeta un coup d'oeil sur les documents imprimés qui l'accompagnaient, et dit :

<< C'est curieux ! >>

Puis, il bourra sa pipe, et l'alluma méthodiquement. Octave était suspendu à ses lèvres.

<< Tu crois que c'est vrai ? lui cria-t-il d'une voix étranglée.

-Vrai ?... Evidemment. Ton père a trop de bon sens et d'esprit scientifique pour accepter à l'étourdie une conviction pareille. D'ailleurs, les preuves sont là, et c'est au fond très simple. >>

La pipe étant bien et dûment allumée, Marcel se remit au travail. Octave restait les bras ballants, incapable même d'achever son café, à plus forte raison d'assembler deux idées logiques. Pourtant, il avait besoin de parler pour s'assurer qu'il ne rêvait pas.

<< Mais... si c'est vrai, c'est absolument renversant !... Sais-tu qu'un demi-milliard, c'est une fortune énorme ? >>

Marcel releva la tête et approuva :

<< Enorme est le mot. Il n'y en a peut-être pas une pareille en France, et l'on n'en compte que quelques-unes aux Etats-Unis, à peine cinq ou six en Angleterre, en tout quinze ou vingt au monde.

- Et un titre par-dessus le marché ! reprit Octave, un titre de baronnet ! Ce n'est pas que j'aie jamais ambitionné d'en avoir un, mais puisque celui-ci arrive, on peut dire que c'est tout de même plus élégant que de s'appeler Sarrasin tout court. >>

Marcel lança une bouffée de fumée et n'articula pas un mot. Cette bouffée de fumée disait clairement : << Peuh !... Peuh ! >>

<< Certainement, reprit Octave, je n'aurais jamais voulu faire comme tant de gens qui collent une particule à leur nom, ou s'inventent un marquisat de carton ! Mais posséder un vrai titre, un titre authentique, bien et dûment inscrit au "Peerage" de Grande-Bretagne et d'Irlande, sans doute ni confusion possible, comme cela se voit trop souvent... >>

La pipe faisait toujours : << Peuh !... Peuh ! >>

<< Mon cher, tu as beau dire et beau faire, reprit Octave avec conviction, "le sang est quelque chose", comme disent les Anglais ! >>

Il s'arrêta court devant le regard railleur de Marcel et se rabattit sur les millions.

<< Te rappelles-tu, reprit-il, que Binôme, notre professeur de mathématiques, rabâchait tous les ans, dans sa première leçon sur la numération, qu'un demi-milliard est un nombre trop considérable pour que les forces de l'intelligence humaine pussent seulement en avoir une idée juste, si elles n'avaient à leur disposition les ressources d'une représentation graphique ?... Te dis-tu bien qu'à

un homme qui verserait un franc à chaque minute, il faudrait plus de mille ans pour payer cette somme ! Ah ! c'est vraiment... singulier de se dire qu'on est l'héritier d'un demi-milliard de francs !

— Un demi-milliard de francs ! s'écria Marcel, secoué par le mot plus qu'il ne l'avait été par la chose. Sais-tu ce que vous pourriez en faire de mieux ? Ce serait de le donner à la France pour payer sa rançon ! Il n'en faudrait que dix fois autant !...

— Ne va pas t'aviser au moins de suggérer une pareille idée à mon père !... s'écria Octave du ton d'un homme effrayé. Il serait capable de l'adopter ! Je vois déjà qu'il rumine quelque projet de sa façon !... Passe encore pour un placement sur l'Etat, mais gardons au moins la rente !

— Allons, tu étais fait, sans t'en douter jusqu'ici, pour être capitaliste ! reprit Marcel. Quelque chose me dit, mon pauvre Octave, qu'il eût mieux valu pour toi, sinon pour ton père, qui est un esprit droit et sensé, que ce gros héritage fût réduit à des proportions plus modestes. J'aimerais mieux te voir vingt-cinq mille livres de rente à partager avec ta brave petite soeur, que cette montagne d'or ! >>

Et il se remit au travail.

Quant à Octave, il lui était impossible de rien faire, et il s'agita si fort dans la chambre, que son ami, un peu impatienté, finit par lui dire :

<< Tu ferais mieux d'aller prendre l'air ! Il est évident que tu n'es bon à rien ce soir !

— Tu as raison >>, répondit Octave, saisissant avec joie cette quasi-permission d'abandonner toute espèce de travail.

Et, sautant sur son chapeau, il dégringola l'escalier et se trouva dans la rue. A peine eut-il fait dix pas, qu'il s'arrêta sous un bec de gaz pour relire la lettre de son père. Il avait besoin de s'assurer de nouveau qu'il était bien éveillé.

<< Un demi-milliard !... Un demi-milliard !... répétait-il. Cela fait au moins vingt-cinq millions de rente !... Quand mon père ne m'en donnerait qu'un par an, comme pension, que la moitié d'un, que le quart d'un, je serais encore très heureux ! On fait beaucoup de choses avec de l'argent ! Je suis sûr que je saurais bien l'employer ! Je ne suis pas un imbécile, n'est-ce pas ? On a été reçu à l'Ecole centrale !... Et j'ai un titre encore !... Je saurai le porter ! >>

Il se regardait, en passant, dans les glaces d'un magasin.

<< J'aurai un hôtel, des chevaux !... Il y en aura un pour Marcel. Du moment où je serai riche, il est clair que ce sera comme s'il l'était. Comme cela vient à point tout de même !... Un demi-milliard !... Baronnet !... C'est drôle, maintenant que c'est venu, il me semble que je m'y attendais ! Quelque chose me disait que je ne serais pas toujours occupé à trimer sur des livres et des planches à dessin !... Tout de même, c'est un fameux rêve ! >>

Octave suivait, en ruminant ces idées, les arcades de la rue de Rivoli. Il arriva aux Champs-Elysées, tourna le coin de la rue Royale, déboucha sur le boulevard. Jadis, il n'en regardait les splendides étalages qu'avec indifférence, comme choses futiles et sans place dans sa vie. Maintenant, il s'y arrêta et songea avec un vif mouvement de joie que tous ces trésors lui appartiendraient quand il le voudrait.

<< C'est pour moi, se dit-il, que les fileuses de la Hollande tournent leurs fuseaux, que les manufactures d'Elbeuf tissent leurs draps les plus souples, que les horlogers construisent leurs chronomètres, que le lustre de l'Opéra verse ses cascades de lumière, que les violons grincent, que les chanteuses s'égosillent ! C'est pour moi qu'on dresse des pur-sang au fond des manèges, et que s'allume le Café Anglais !... Paris est à moi !... Tout est à moi !... Ne voyagerai-je pas ? N'irai-je point visiter ma baronnie de l'Inde ?... Je pourrai bien quelque jour me payer une pagode, avec les bonzes et les idoles d'ivoire par-dessus le marché !... J'aurai des éléphants !... Je chasserai le tigre !... Et les belles armes !... Et le beau canot !.. . Un canot ? que non pas ! mais un bel et bon yacht à vapeur pour me conduire où je voudrai, m'arrêter et repartir à ma fantaisie !... A propos de vapeur, je suis chargé de donner la nouvelle à ma mère. Si je partais pour Douai !... Il y a l'école... Oh ! oh ! l'école ! on peut s'en passer !... Mais Marcel ! il faut le prévenir. Je vais lui envoyer une dépêche. Il comprendra bien que je suis pressé de voir ma mère et ma soeur dans une pareille circonstance ! >>

Octave entra dans un bureau télégraphique, prévint son ami qu'il partait et reviendrait dans deux jours. Puis, il héla un fiacre et se fit transporter à la gare du Nord.

Dès qu'il fut en wagon, il se reprit à développer son rêve.

A deux heures du matin, Octave carillonnait bruyamment à la porte de la maison maternelle et paternelle - sonnette de nuit - , et mettait en émoi le paisible quartier des Aubettes.

<< Qui donc est malade ? se demandaient les commères d'une fenêtre à l'autre.

- Le docteur n'est pas en ville ! cria la vieille servante, de sa lucarne au dernier étage.

- C'est moi, Octave !... Descendez m'ouvrir, Francine ! >>

Après dix minutes d'attente, Octave réussit à pénétrer dans la maison. Sa mère et sa soeur Jeanne, précipitamment descendues en robe de chambre, attendaient l'explication de cette visite.

La lettre du docteur, lue à haute voix, eut bientôt donné la clef du mystère.

Mme Sarrasin fut un moment éblouie. Elle embrassa son fils et sa fille en pleurant de joie. Il lui semblait que l'univers allait être à eux maintenant, et que le malheur n'oserait jamais s'attaquer à des jeunes gens qui possédaient quelques centaines de millions. Cependant, les femmes ont plus tôt fait que les hommes de s'habituer à ces grands coups du sort. Mme Sarrasin relut la lettre de son mari, se dit que c'était à lui, en somme, qu'il appartenait de décider de sa destinée et de celle de ses enfants, et le calme rentra dans son coeur. Quant à Jeanne, elle était heureuse à la joie de sa mère et de son frère ; mais son imagination de treize ans ne rêvait pas de bonheur plus grand que celui de cette petite maison modeste où sa vie s'écoulait doucement entre les leçons de ses maîtres et les caresses de ses parents. Elle ne voyait pas trop en quoi quelques liasses de billets de banque pouvaient changer grand-chose à son existence, et cette perspective ne la troubla pas un instant.

Mme Sarrasin, mariée très jeune à un homme absorbé tout entier par les occupations silencieuses du savant de race, respectait la passion de son mari, qu'elle aimait tendrement, sans toutefois le bien comprendre. Ne pouvant partager les bonheurs que l'étude donnait au docteur Sarrasin, elle s'était quelquefois sentie un peu seule à côté de ce travailleur acharné, et avait par suite concentré sur ses deux enfants toutes ses espérances. Elle avait toujours rêvé pour eux un avenir brillant, s'imaginant qu'il en serait plus heureux. Octave, elle n'en doutait pas, était appelé aux plus hautes destinées. Depuis qu'il avait pris rang à l'Ecole centrale, cette modeste et utile académie de jeunes ingénieurs s'était transformée dans son esprit en une pépinière d'hommes illustres. Sa seule inquiétude était que la modestie de leur fortune ne fût un obstacle, une difficulté tout au moins à la carrière glorieuse de son fils, et ne nuisît plus tard à l'établissement de sa fille. Maintenant, ce qu'elle avait compris de la lettre de son mari, c'est que ses craintes n'avaient plus de raison d'être. Aussi sa satisfaction fut- elle complète.

La mère et le fils passèrent une grande partie de la nuit à causer et à faire des projets, tandis que Jeanne, très contente du présent, sans aucun souci de l'avenir, s'était endormie dans un fauteuil.

Cependant, au moment d'aller prendre un peu de repos :

<< Tu ne m'as pas parlé de Marcel, dit Mme Sarrasin à son fils. Ne lui as-tu pas donné connaissance de la lettre de ton père ? Qu'en a-t-il dit ?

- Oh ! répondit Octave, tu connais Marcel ! C'est plus qu'un sage, c'est un stoïque ! Je crois qu'il a été effrayé pour nous de l'énormité de l'héritage ! Je dis pour nous ; mais son inquiétude ne remontait pas jusqu'à mon père, dont le bon sens, disait-il, et la raison scientifique le rassuraient. Mais dame ! pour ce qui te concerne, mère, et Jeanne aussi, et moi surtout, il ne m'a pas caché qu'il eût préféré un héritage modeste, vingt-cinq mille livres de rente...

- Marcel n'avait peut-être pas tort, répondit Mme Sarrasin en regardant son fils. Cela peut devenir un grand danger, une subite fortune, pour certaines natures ! >>

Jeanne venait de se réveiller. Elle avait entendu les dernières paroles de sa mère :

« Tu sais, mère, lui dit-elle, en se frottant les yeux et se dirigeant vers sa petite chambre, tu sais ce que tu m'as dit un jour, que Marcel avait toujours raison ! Moi, je crois tout ce que dit notre ami Marcel ! »

Et, ayant embrassé sa mère, Jeanne se retira.

III UN FAIT DIVERS

En arrivant à la quatrième séance du Congrès d'Hygiène, le docteur Sarrasin put constater que tous ses collègues l'accueillaient avec les marques d'un respect extraordinaire. Jusque-là, c'était à peine si le très noble Lord Glandover, chevalier de la Jarretière, qui avait la présidence nominale de l'assemblée, avait daigné s'apercevoir de l'existence individuelle du médecin français.

Ce lord était un personnage auguste, dont le rôle se bornait à déclarer la séance ouverte ou levée et à donner mécaniquement la parole aux orateurs inscrits sur une liste qu'on plaçait devant lui. Il gardait habituellement sa main droite dans l'ouverture de sa redingote boutonnée - non pas qu'il eût fait une chute de cheval -, mais uniquement parce que cette attitude incommode a été donnée par les sculpteurs anglais au bronze de plusieurs hommes d'Etat.

Une face blafarde et glabre, plaquée de taches rouges, une perruque de chiendent prétentieusement relevée en toupet sur un front qui sonnait le creux, complétaient la figure la plus comiquement gourmée et la plus follement raide qu'on pût voir. Lord Glandover se mouvait tout d'une pièce, comme s'il avait été de bois ou de carton-pâte. Ses yeux mêmes semblaient ne rouler sous leurs arcades orbitaires que par saccades intermittentes, à la façon des yeux de poupée ou de mannequin.

Lors des premières présentations, le président du Congrès d'Hygiène avait adressé au docteur Sarrasin un salut protecteur et condescendant qui aurait pu se traduire ainsi :

« Bonjour, monsieur l'homme de peu !... C'est vous qui, pour gagner votre petite vie, faites ces petits travaux sur de petites machinettes ?... Il faut que j'aie vraiment la vue bonne pour apercevoir une créature aussi éloignée de moi dans l'échelle des êtres !... Mettez-vous à l'ombre de Ma Seigneurie, je vous le permets. »

Cette fois Lord Glandover lui adressa le plus gracieux des sourires et poussa la courtoisie jusqu'à lui montrer un siège vide à sa droite. D'autre part, tous les membres du Congrès s'étaient levés.

Assez surpris de ces marques d'une attention exceptionnellement flatteuse, et se disant qu'après réflexion le compte-globules avait sans doute paru à ses confrères une découverte plus considérable qu'à première vue, le docteur Sarrasin s'assit à la place qui lui était offerte.

Mais toutes ses illusions d'inventeur s'envolèrent, lorsque Lord Glandover se pencha à son oreille avec une contorsion des vertèbres cervicales telle qu'il pouvait en résulter un torticolis violent pour Sa Seigneurie :

<< J'apprends, dit-il, que vous êtes un homme de propriété considérable ? On me dit que vous " valez " vingt et un millions sterling ? >>

Lord Glandover paraissait désolé d'avoir pu traiter avec légèreté l'équivalent en chair et en os d'une valeur monnayée aussi ronde. Toute son attitude disait :

<< Pourquoi ne nous avoir pas prévenus ?... Franchement ce n'est pas bien ! Exposer les gens à des méprises semblables ! >>

Le docteur Sarrasin, qui ne croyait pas, en conscience, << valoir >> un sou de plus qu'aux séances précédentes, se demandait comment la nouvelle avait déjà pu se répandre lorsque le docteur Ovidius, de Berlin, son voisin de droite lui dit avec un sourire faux et plat :

<< Vous voilà aussi fort que les Rothschild !... Le *Daily Telegraph* donne la nouvelle !... Tous mes compliments ! >>

Et il lui passa un numéro du journal, daté du matin même. On y lisait le << fait divers >> suivant, dont la rédaction révélait suffisamment l'auteur :

<< UN HERITAGE MONSTRE. - La fameuse succession vacante de la Bégum Gokool vient enfin de trouver son légitime héritier par les soins habiles de Messrs. Billows, Green et Sharp, solicitors, 93, Southampton row, London. L'heureux propriétaire des vingt et un millions sterling, actuellement déposés à la Banque d'Angleterre, est un médecin français, le docteur Sarrasin, dont nous avons, il y a trois jours, analysé ici même le beau mémoire au Congrès de Brighton. A force de peines et à travers des péripéties qui formeraient à elles seules un véritable roman, Mr. Sharp est arrivé à établir, sans contestation possible, que le docteur Sarrasin est le seul descendant vivant de Jean-Jacques Langévol, baronnet, époux en secondes noces de la Bégum Gokool. Ce soldat de fortune était, paraît-il, originaire de la petite ville française de Bar-le-Duc. Il ne reste plus à accomplir, pour l'envoi en possession, que de simples formalités. La requête est déjà logée en Cour de Chancellerie. C'est un curieux enchaînement de circonstances qui a accumulé sur la tête d'un savant français, avec un titre britannique, les trésors entassés par une longue suite de rajahs indiens. La fortune aurait pu se montrer moins intelligente, et il faut se féliciter qu'un capital aussi considérable tombe en des mains qui sauront en faire bon usage. >>

Par un sentiment assez singulier, le docteur Sarrasin fut contrarié de voir la nouvelle rendue publique. Ce n'était pas seulement à cause des importunité que son expérience des choses humaines lui faisait déjà prévoir, mais il était humilié de l'importance qu'on paraissait attribuer à cet événement. Il lui semblait être rapetissé personnellement de tout l'énorme chiffre de son capital. Ses travaux, son mérite personnel - il en avait le sentiment profond - , se trouvaient déjà noyés dans cet océan d'or et d'argent, même aux yeux de ses confrères. Ils ne voyaient plus en lui le chercheur infatigable, l'intelligence supérieure et déliée, l'inventeur ingénieux, ils voyaient le demi-milliard. Eût-il été un goitreux des Alpes, un Hottentot abruti, un des spécimens les plus dégradés de l'humanité au lieu d'en être un des représentants supérieurs, son poids eût été le même. Lord Glandover avait dit le mot, il << valait >> désormais vingt et un millions sterling, ni plus, ni moins.

Cette idée l'écoeura, et le Congrès, qui regardait, avec une curiosité toute scientifique, comment était fait un << demi milliardaire >>, constata non sans surprise que la physionomie du sujet se voilait d'une sorte de tristesse.

Ce ne fut pourtant qu'une faiblesse passagère. La grandeur du but auquel il avait résolu de consacrer cette fortune inespérée se représenta tout à coup à la pensée du docteur et le rasséréna. Il attendit la fin de la lecture que faisait le docteur Stevenson de Glasgow sur l'*Education des jeunes idiots*, et demanda la parole pour une communication.

Lord Glandover la lui accorda à l'instant et par préférence même au docteur Ovidius. Il la lui aurait accordée, quand tout le Congrès s'y serait opposé, quand tous les savants de l'Europe auraient protesté à la fois contre ce tour de faveur ! Voilà ce que disait éloquemment l'intonation toute spéciale de la voix du président.

<< Messieurs, dit le docteur Sarrasin, je comptais attendre quelques jours encore avant de vous faire part de la fortune singulière qui m'arrive et des conséquences heureuses que ce hasard peut avoir pour la science. Mais, le fait étant devenu public, il y aurait peut-être de l'affectation à ne pas le placer tout de suite sur son vrai terrain... Oui, messieurs, il est vrai qu'une somme considérable, une somme de plusieurs centaines de millions, actuellement déposée à la Banque d'Angleterre, se trouve me revenir légitimement. Ai-je besoin de vous dire que je ne me considère, en ces conjonctures, que comme le fidéicommissaire de la science ?... (*Sensation profonde.*) Ce n'est pas à moi que ce capital appartient de droit, c'est à l'Humanité, c'est au Progrès !... (*Mouvements divers. Exclamations. Applaudissements unanimes. Tout le Congrès se lève, électrisé par cette déclaration.*) Ne m'applaudissez pas, messieurs. Je ne connais pas un seul homme de science, vraiment digne de ce beau nom, qui ne fît à ma place ce que je veux faire. Qui sait si quelques-uns ne penseront pas que, comme dans beaucoup d'actions humaines, il n'y a pas en celle-ci plus d'amour-propre que de dévouement ?... (*Non ! Non !*) Peu importe au surplus ! Ne voyons que les résultats. Je le déclare donc, définitivement et sans réserve : le demi-milliard que le hasard met dans mes mains n'est pas à moi, il est à la science ! Voulez-vous être le parlement qui répartira ce budget ?... Je n'ai pas en mes propres lumières une confiance suffisante pour prétendre en disposer en maître absolu. Je vous fais juges, et vous-mêmes vous déciderez du meilleur emploi à donner à ce trésor !... >> (*Hurrahs. Agitation profonde. Délire général.*)

Le Congrès est debout. Quelques membres, dans leur exaltation, sont montés sur la table. Le professeur Turnbull, de Glasgow, paraît menacé d'apoplexie. Le docteur Cicogna, de Naples, a perdu la respiration. Lord Glandover seul conserve le calme digne et serein qui convient à son rang. Il est parfaitement convaincu, d'ailleurs, que le docteur Sarrasin plaisante agréablement, et n'a pas la moindre intention de réaliser un programme si extravagant.

<< S'il m'est permis, toutefois, reprit l'orateur, quand il eut obtenu un peu de silence, s'il m'est permis de suggérer un plan qu'il serait aisé de développer et de perfectionner, je propose le suivant. >>

Ici le Congrès, revenu enfin au sang-froid, écoute avec une attention religieuse.

<< Messieurs, parmi les causes de maladie, de misère et de mort qui nous entourent, il faut en compter une à laquelle je crois rationnel d'attacher une grande importance : ce sont les conditions hygiéniques déplorables dans lesquelles la plupart des hommes sont placés. Ils s'entassent dans des villes, dans des demeures souvent privées d'air et de lumière, ces deux agents indispensables de la vie. Ces agglomérations humaines deviennent parfois de véritables foyers d'infection. Ceux qui n'y trouvent pas la mort sont au moins atteints dans leur santé ; leur force productive diminue, et la société perd ainsi de grandes sommes de travail qui pourraient être appliquées aux plus précieux usages. Pourquoi, messieurs, n'essaierions-nous pas du plus puissant des moyens de persuasion... de l'exemple ? Pourquoi ne réunirions-nous pas toutes les forces de notre imagination pour tracer le plan d'une cité modèle sur des données rigoureusement scientifiques ?... (*Oui ! oui ! c'est vrai !*) Pourquoi ne consacrerions- nous pas ensuite le capital dont nous disposons à édifier cette ville et à la présenter au monde comme un enseignement pratique... >> (*Oui ! oui ! - Tonnerre d'applaudissements.*)

Les membres du Congrès, pris d'un transport de folie contagieuse, se serrent mutuellement les mains, ils se jettent sur le docteur Sarrasin, l'enlèvent, le portent en triomphe autour de la salle.

<< Messieurs, reprit le docteur, lorsqu'il eut pu réintégrer sa place, cette cité que chacun de nous voit déjà par les yeux de l'imagination, qui peut être dans quelques mois une réalité, cette ville de la santé et du bien-être, nous inviterions tous les peuples à venir la visiter, nous en répandrions dans toutes les langues le plan et la description, nous y appellerions les familles honnêtes que la pauvreté et le manque de travail auraient chassées des pays encombrés. Celles aussi - vous ne vous étonnerez pas que j'y songe - , à qui la conquête étrangère a fait une cruelle nécessité de l'exil, trouveraient chez nous l'emploi de leur activité, l'application de leur intelligence, et nous apporteraient ces richesses morales, plus précieuses mille fois que les mines d'or et de diamant. Nous aurions là de vastes collèges où la jeunesse élevée d'après des principes sages, propres à développer et à équilibrer toutes les facultés morales, physiques et intellectuelles, nous préparerait des générations fortes pour l'avenir ! >>

Il faut renoncer à décrire le tumulte enthousiaste qui suivit cette communication. Les applaudissements, les hurrahs, les << hip ! hip ! >> se succédèrent pendant plus d'un quart d'heure.

Le docteur Sarrasin était à peine parvenu à se rasseoir que Lord Glandover, se penchant de nouveau vers lui, murmura à son oreille en clignant de l'oeil :

<< Bonne spéculation !... Vous comptez sur le revenu de l'octroi, hein ?... Affaire sûre, pourvu qu'elle soit bien lancée et patronnée de noms choisis !... Tous les convalescents et les valétudinaires voudront habiter là !... J'espère que vous me retiendrez un bon lot de terrain, n'est-ce pas ? >>

Le pauvre docteur, blessé de cette obstination à donner à ses actions un mobile cupide, allait cette fois répondre à Sa Seigneurie, lorsqu'il entendit le vice-président réclamer un vote de remerciement par acclamation pour l'auteur de la philanthropique proposition qui venait d'être soumise à l'assemblée.

<< Ce serait, dit-il, l'éternel honneur du Congrès de Brighton qu'une idée si sublime y eût pris naissance, il ne fallait pas moins pour la concevoir que la plus haute intelligence unie au plus grand coeur et à la générosité la plus inouïe... Et pourtant, maintenant que l'idée était suggérée, on s'étonnait presque qu'elle n'eût pas déjà été mise en pratique ! Combien de milliards dépensés en folles guerres, combien de capitaux dissipés en spéculations ridicules auraient pu être consacrés à un tel essai ! >>

L'orateur, en terminant, demandait, pour la cité nouvelle, comme un juste hommage à son fondateur, le nom de << Sarrasina >>.

Sa motion était déjà acclamée, lorsqu'il fallut revenir sur le vote, à la requête du docteur Sarrasin lui-même.

<< Non, dit-il, mon nom n'a rien à faire en ceci. Gardons nous aussi d'affubler la future ville d'aucune de ces appellations qui, sous prétexte de dériver du grec ou du latin, donnent à la chose ou à l'être qui les porte une allure pédante. Ce sera la Cité du bien-être, mais je demande que son nom soit celui de ma patrie, et que nous l'appelions France-Ville ! >>

On ne pouvait refuser au docteur cette satisfaction qui lui était bien due.

France-Ville était d'ores et déjà fondée en paroles ; elle allait, grâce au procès-verbal qui devait clore la séance, exister aussi sur le papier. On passa immédiatement à la discussion des articles généraux du projet.

Mais il convient de laisser le Congrès à cette occupation pratique, si différente des soins ordinairement réservés à ces assemblées, pour suivre pas à pas, dans un de ses innombrables itinéraires, la fortune du fait divers publié par le *Daily Telegraph*.

Dès le 29 octobre au soir, cet entrefilet, textuellement reproduit par les journaux anglais, commençait à rayonner sur tous les cantons du Royaume-Uni. Il apparaissait notamment dans la *Gazette de Hull* et figurait en haut de la seconde page dans un numéro de cette feuille modeste que le Mary Queen, trois-mâts-barque chargé de charbon, apporta le 1er novembre à Rotterdam.

Immédiatement coupé par les ciseaux diligents du rédacteur en chef et secrétaire unique de l'*Echo néerlandais* et traduit dans la langue de Cuyp et de Potter, le fait divers arriva, le 2 novembre, sur les ailes de la vapeur, au *Mémorial de Brême*. Là, il revêtit, sans changer de corps, un vêtement neuf, et ne tarda pas à se voir imprimer en allemand. Pourquoi faut-il constater ici que le journaliste teuton, après avoir écrit en tête de la traduction : *Eine ubergrosse Erbschaft*, ne craignit pas de recourir à un subterfuge mesquin et d'abuser de la crédulité de ses lecteurs en ajoutant entre parenthèses : *Correspondance spéciale de Brighton* ?

Quoi qu'il en soit, devenue ainsi allemande par droit d'annexion, l'anecdote arriva à la rédaction de l'imposante *Gazette du Nord*, qui lui donna une place dans la seconde colonne de sa troisième page, en se contentant d'en supprimer le titre, trop charlatanesque pour une si grave personne.

C'est après avoir passé par ces avatars successifs qu'elle fit enfin son entrée, le 3 novembre au soir, entre les mains épaisses d'un gros valet de chambre saxon, dans le cabinet-salon-salle à manger de M. le professeur Schultze, de l'Université d'Iéna.

Si haut placé que fût un tel personnage dans l'échelle des êtres, il ne présentait à première vue rien d'extraordinaire. C'était un homme de quarante-cinq ou six ans, d'assez forte taille ; ses épaules carrées indiquaient une constitution robuste ; son front était chauve, et le peu de cheveux qu'il avait gardés à l'occiput et aux tempes rappelaient le blond filasse. Ses yeux étaient bleus, de ce bleu vague qui ne trahit jamais la pensée. Aucune lueur ne s'en échappe, et cependant on se sent comme gêné sitôt qu'ils vous regardent. La bouche du professeur Schultze était grande, garnie d'une de ces doubles rangées de dents formidables qui ne lâchent jamais leur proie, mais enfermées dans des lèvres minces, dont le principal emploi devait être de numéroter les paroles qui pouvaient en sortir. Tout cela composait un ensemble inquiétant et désobligeant pour les autres, dont le professeur était visiblement très satisfait pour lui-même.

Au bruit que fit son valet de chambre, il leva les yeux sur la cheminée, regarda l'heure à une très jolie pendule de Barbedienne, singulièrement dépaysée au milieu des meubles vulgaires qui l'entouraient, et dit d'une voix raide encore plus que rude :

<< Six heures cinquante-cinq ! Mon courrier arrive à six trente, dernière heure. Vous le montez aujourd'hui avec vingt-cinq minutes de retard. La première fois qu'il ne sera pas sur ma table à six heures trente, vous quitterez mon service à huit.

- Monsieur, demanda le domestique avant de se retirer, veut-il dîner maintenant ?

- Il est six heures cinquante-cinq et je dîne à sept ! Vous le savez depuis trois semaines que vous êtes chez moi ! Retenez aussi que je ne change jamais une heure et que je ne répète jamais un ordre. >>

Le professeur déposa son journal sur le bord de sa table et se remit à écrire un mémoire qui devait paraître le surlendemain dans les *Annalen für Physiologie*. Il ne saurait y avoir aucune indiscrétion à constater que ce mémoire avait pour titre :

Pourquoi tous les Français sont-ils atteints à des degrés différents de dégénérescence héréditaire ?

Tandis que le professeur poursuivait sa tâche, le dîner, composé d'un grand plat de saucisses aux choux, flanqué d'un gigantesque mooss de bière, avait été discrètement servi sur un guéridon au coin du feu. Le professeur posa sa plume pour prendre ce repas, qu'il savoura avec plus de complaisance qu'on n'en eût attendu d'un homme aussi sérieux. Puis il sonna pour avoir son café, alluma une grande pipe de porcelaine et se remit au travail.

Il était près de minuit, lorsque le professeur signa le dernier feuillet, et il passa aussitôt dans sa chambre à coucher pour y prendre un repos bien gagné. Ce fut dans son lit seulement qu'il rompit la bande de son journal et en commença la lecture, avant de s'endormir. Au moment où le sommeil semblait venir, l'attention du professeur fut attirée par un nom étranger, celui de << Langévol >>, dans le fait divers relatif à l'héritage monstre. Mais il eut beau vouloir se rappeler quel souvenir pouvait bien évoquer en lui ce nom, il n'y parvint pas. Après quelques minutes données à cette recherche vaine, il jeta le journal, souffla sa bougie et fit bientôt entendre un ronflement sonore.

Cependant, par un phénomène physiologique que lui-même avait étudié et expliqué avec de grands développements, ce nom de Langévol poursuivit le professeur Schultze jusque dans ses rêves. Si bien que, machinalement, en se réveillant le lendemain matin, il se surprit à le répéter.

Tout à coup, et au moment où il allait demander à sa montre quelle heure il était, il fut illuminé d'un éclair subit. Se jetant alors sur le journal qu'il retrouva au pied de son lit, il lut et relut plusieurs fois de suite, en se passant la main sur le front comme pour y concentrer ses idées, l'alinéa qu'il avait failli la veille laisser passer inaperçu. La lumière, évidemment, se faisait dans son cerveau, car, sans prendre le temps de passer sa robe de chambre à ramages, il courut à la cheminée, détacha un petit portrait en miniature pendu près de la glace, et, le retournant, passa sa manche sur le carton poussiéreux qui en formait l'envers.

Le professeur ne s'était pas trompé. Derrière le portrait, on lisait ce nom tracé d'une encre jaunâtre, presque effacé par un demi-siècle :

<< *Thérèse Schultze eingeborene Langévol* >> (Thérèse Schultze née Langévol).

Le soir même, le professeur avait pris le train direct pour Londres.

IV PART A DEUX

Le 6 novembre, à sept heures du matin, Herr Schultze arrivait à la gare de Charing-Cross. A midi, il se présentait au numéro 93, Southampton row, dans une grande salle divisée en deux parties par une barrière de bois - côté de MM. les clercs, côté du public - , meublée de six chaises, d'une table noire, d'innombrables cartons verts et d'un dictionnaire des adresses. Deux jeunes gens, assis devant la table, étaient en train de manger paisiblement le déjeuner de pain et de fromage traditionnel en tous les pays de basoche.

<< Messieurs Billows, Green et Sharp ? dit le professeur de la même voix dont il demandait son dîner.

- Mr. Sharp est dans son cabinet. - Quel nom ? Quelle affaire ?

- Le professeur Schultze, d'Iéna, affaire Langévol. >>

Le jeune clerc murmura ces renseignements dans le pavillon d'un tuyau acoustique et reçut en réponse dans le pavillon de sa propre oreille une communication qu'il n'eut garde de rendre publique. Elle pouvait se traduire ainsi :

<< Au diable l'affaire Langévol ! Encore un fou qui croit avoir des titres ! >>

Réponse du jeune clerc :

<< C'est un homme d'apparence "respectable". Il n'a pas l'air agréable, mais ce n'est pas la tête du premier venu. >>

Nouvelle exclamation mystérieuse :

<< Et il vient d'Allemagne ?...

- Il le dit, du moins. >>

Un soupir passa à travers le tuyau :

<< Faites monter.

- Deux étages, la porte en face >>, dit tout haut le clerc en indiquant un passage intérieur.

Le professeur s'enfonça dans le couloir, monta les deux étages et se trouva devant une porte matelassée, où le nom de Mr. Sharp se détachait en lettres noires sur un fond de cuivre.

Ce personnage était assis devant un grand bureau d'acajou, dans un cabinet vulgaire à tapis de feutre, chaises de cuir et larges cartonniers béants. Il se souleva à peine sur son fauteuil, et, selon l'habitude si courtoise des gens de bureau, il se remit à feuilleter des dossiers pendant cinq minutes, afin d'avoir l'air très occupé. Enfin, se retournant vers le professeur Schultze, qui s'était placé auprès de lui :

« Monsieur, dit-il, veuillez m'apprendre rapidement ce qui vous amène. Mon temps est extraordinairement limité, et je ne puis vous donner qu'un très petit nombre de minutes. »

Le professeur eut un semblant de sourire, laissant voir qu'il s'inquiétait assez peu de la nature de cet accueil.

« Peut-être trouverez-vous bon de m'accorder quelques minutes supplémentaires, dit-il, quand vous saurez ce qui m'amène.

- Parlez donc, monsieur.

- Il s'agit de la succession de Jean-Jacques Langévol, de Bar-le-Duc, et je suis le petit-fils de sa soeur aînée, Thérèse Langévol, mariée en 1792 à mon grand-père Martin Schultze, chirurgien à l'armée de Brunswick et mort en 1814. J'ai en ma possession trois lettres de mon grand-oncle écrites à sa soeur, et de nombreuses traditions de son passage à la maison, après la bataille d'Iéna, sans compter les pièces dûment légalisées qui établissent ma filiation. »

Inutile de suivre le professeur Schultze dans les explications qu'il donna à Mr. Sharp. Il fut, contre ses habitudes, presque prolixe. Il est vrai que c'était le seul point où il était inépuisable. En effet, il s'agissait pour lui de démontrer à Mr. Sharp, Anglais, la nécessité de faire prédominer la race germanique sur toutes les autres. S'il poursuivait l'idée de réclamer cette succession, c'était surtout pour l'arracher des mains françaises, qui ne pourraient en faire que quelque inepte usage !... Ce qu'il détestait dans son adversaire, c'était surtout sa nationalité !... Devant un Allemand, il n'insisterait pas assurément, etc. Mais l'idée qu'un prétendu savant, qu'un Français pourrait employer cet énorme capital au service des idées françaises, le mettait hors de lui, et lui faisait un devoir de faire valoir ses droits à outrance.

A première vue, la liaison des idées pouvait ne pas être évidente entre cette digression politique et l'opulente succession. Mais Mr. Sharp avait assez l'habitude des affaires pour apercevoir le rapport supérieur qu'il y avait entre les aspirations nationales de la race germanique en général et les aspirations particulières de l'individu Schultze vers l'héritage de la Bégum. Elles étaient, au fond, du même ordre.

D'ailleurs, il n'y avait pas de doute possible. Si humiliant qu'il pût être pour un professeur à l'Université d'Iéna d'avoir des rapports de parenté avec des gens de race inférieure, il était évident qu'une aïeule française avait sa part de responsabilité dans la fabrication de ce produit humain sans égal. Seulement, cette parenté d'un degré secondaire à celle du docteur Sarrasin ne lui créait aussi que des droits secondaires à ladite succession. Le solicitor vit cependant la possibilité de les soutenir avec quelques apparences de légalité et, dans cette possibilité, il en entrevit une autre tout à l'avantage de Billows, Green et Sharp : celle de transformer l'affaire Langévol, déjà belle, en une affaire magnifique, quelque nouvelle représentation du *Jarndyce contre Jarndyce*, de Dickens. Un horizon de papier timbré, d'actes, de pièces de toute nature s'étendit devant les yeux de l'homme de loi. Ou encore, ce qui valait mieux, il songea à un compromis ménagé par lui, Sharp, dans l'intérêt de ses deux clients, et qui lui rapporterait, à lui Sharp, presque autant d'honneur que de profit.

Cependant, il fit connaître à Herr Schultze les titres du docteur Sarrasin, lui donna les preuves à l'appui et lui insinua que, si Billows, Green et Sharp se chargeaient cependant de tirer un parti avantageux pour le professeur de l'apparence de droits - << apparences seulement, mon cher monsieur, et qui, je le crains, ne résisteraient pas à un bon procès >> - , que lui donnait sa parenté avec le docteur, il comptait que le sens si remarquable de la justice que possédaient tous les Allemands admettrait que Billows, Green et Sharp acquéraient aussi, en cette occasion, des droits d'ordre différent, mais bien plus impérieux, à la reconnaissance du professeur.

Celui-ci était trop bien doué pour ne pas comprendre la logique du raisonnement de l'homme d'affaires. Il lui mit sur ce point l'esprit en repos, sans toutefois rien préciser.

Mr. Sharp lui demanda poliment la permission d'examiner son affaire à loisir et le reconduisit avec des égards marqués. Il n'était plus question à cette heure de ces minutes strictement limitées, dont il se disait si avare !

Herr Schultze se retira, convaincu qu'il n'avait aucun titre suffisant à faire valoir sur l'héritage de la Bégum, mais persuadé cependant qu'une lutte entre la race saxonne et la race latine, outre qu'elle était toujours méritoire, ne pouvait, s'il savait bien s'y prendre, que tourner à l'avantage de la première.

L'important était de tâter l'opinion du docteur Sarrasin. Une dépêche télégraphique, immédiatement expédiée à Brighton, amenait vers cinq heures le savant français dans le cabinet du solicitor.

Le docteur Sarrasin apprit avec un calme dont s'étonna Mr. Sharp l'incident qui se produisait. Aux premiers mots de Mr. Sharp, il lui déclara en toute loyauté qu'en effet il se rappelait avoir entendu parler traditionnellement, dans sa famille, d'une grand-tante élevée par une femme riche et titrée, émigrée avec elle, et qui se serait mariée en Allemagne. Il ne savait d'ailleurs ni le nom ni le degré précis de parenté de cette grand-tante.

Mr. Sharp avait déjà recours à ses fiches, soigneusement cataloguées dans des cartons qu'il montra avec complaisance au docteur.

Il y avait là - Mr. Sharp ne le dissimula pas - matière à procès, et les procès de ce genre peuvent aisément traîner en longueur. A la vérité, on n'était pas obligé de faire à la partie adverse l'aveu de cette tradition de famille, que le docteur Sarrasin venait de confier, dans sa sincérité, à son solicitor... Mais il y avait ces lettres de Jean-Jacques Langévol à sa soeur, dont Herr Schultze avait parlé, et qui étaient une présomption en sa faveur. Présomption faible à la vérité, dénuée de tout caractère légal, mais enfin présomption... D'autres preuves seraient sans

doute exhumées de la poussière des archives municipales. Peut-être même la partie adverse, à défaut de pièces authentiques, ne craindrait pas d'en inventer d'imaginaires. Il fallait tout prévoir ! Qui sait si de nouvelles investigations n'assigneraient même pas à cette Thérèse Langévol, subitement sortie de terre, et à ses représentants actuels, des droits supérieurs à ceux du docteur Sarrasin ?...
En tout cas, longues chicanes, longues vérifications, solution lointaine !... Les probabilités de gain étant considérables des deux parts, on formerait aisément de chaque côté une compagnie en commandite pour avancer les frais de la procédure et épuiser tous les moyens de juridiction. Un procès célèbre du même genre avait été pendant quatre-vingt-trois années consécutives en Cour de Chancellerie et ne s'était terminé que faute de fonds : intérêts et capital, tout y avait passé !... Enquêtes, commissions, transports, procédures prendraient un temps infini !... Dans dix ans la question pourrait être encore indécise, et le demi milliard toujours endormi à la Banque...

Le docteur Sarrasin écoutait ce verbiage et se demandait quand il s'arrêterait. Sans accepter pour parole d'évangile tout ce qu'il entendait, une sorte de découragement se glissait dans son âme. Comme un voyageur penché à l'avant d'un navire voit le port où il croyait entrer s'éloigner, puis devenir moins distinct et enfin disparaître, il se disait qu'il n'était pas impossible que cette fortune, tout à l'heure si proche et d'un emploi déjà tout trouvé, ne finît par passer à l'état gazeux et s'évanouir !

<< Enfin que faire ? >> demanda-t-il au solicitor.

Que faire ?... Hem !... C'était difficile à déterminer. Plus difficile encore à réaliser. Mais enfin tout pouvait encore s'arranger. Lui, Sharp, en avait la certitude. La justice anglaise était une excellente justice - un peu lente, peut-être, il en convenait - , oui, décidément un peu lente, *pede claudo*... hem !... hem !... mais d'autant plus sûre !... Assurément le docteur Sarrasin ne pouvait manquer dans quelques années d'être en possession de cet héritage, si toutefois... hem !... hem !... ses titres étaient suffisants !...

Le docteur sortit du cabinet de Southampton row fortement ébranlé dans sa confiance et convaincu qu'il allait, ou falloir entamer une série d'interminables procès, ou renoncer à son rêve. Alors, pensant à son beau projet philanthropique, il ne pouvait se retenir d'en éprouver quelque regret.

Cependant, Mr. Sharp manda le professeur Schultze, qui lui avait laissé son adresse. Il lui annonça que le docteur Sarrasin n'avait jamais entendu parler d'une Thérèse Langévol, contestait formellement l'existence d'une branche allemande de la famille et se refusait à toute transaction.

Il en restait donc au professeur, s'il croyait ses droits bien établis, qu'à << plaider >>. Mr. Sharp, qui n'apportait en cette affaire qu'un désintéressement absolu, une véritable curiosité d'amateur, n'avait certes pas l'intention de l'en dissuader. Que pouvait demander un solicitor, sinon un procès, dix procès, trente ans de procès, comme la cause semblait les porter en ses flancs ? Lui, Sharp, personnellement, en était ravi. S'il n'avait pas craint de faire au professeur Schultze une offre suspecte de sa part, il aurait poussé le désintéressement jusqu'à lui indiquer un de ses confrères, qu'il pût charger de ses intérêts... Et certes le choix avait de l'importance ! La carrière légale était devenue un véritable grand chemin !... Les aventuriers et les brigands y foisonnaient !... Il le constatait, la rougeur au front !...

<< Si le docteur français voulait s'arranger, combien cela coûterait-il ? >> demanda le professeur.

Homme sage, les paroles ne pouvaient l'étourdir ! Homme pratique, il allait droit au but sans perdre un temps précieux en chemin ! Mr. Sharp fut un peu déconcerté par cette façon d'agir. Il représenta à Herr Schultze que les affaires ne marchaient point si vite ; qu'on n'en pouvait prévoir la fin quand on en était au commencement ; que, pour amener M. Sarrasin à composition, il fallait un peu traîner les choses afin de ne pas lui laisser connaître que lui, Schultze, était déjà prêt à une transaction.

<< Je vous prie, monsieur, conclut-il, laissez-moi faire, remettez-vous- en à moi et je réponds de tout.

- Moi aussi, répliqua Schultze, mais j'aimerais savoir à quoi m'en tenir. >>

Cependant, il ne put, cette fois, tirer de Mr. Sharp à quel chiffre le solicitor évaluait la reconnaissance saxonne, et il dut lui laisser là- dessus carte blanche.

Lorsque le docteur Sarrasin, rappelé dès le lendemain par Mr. Sharp, lui demanda avec tranquillité s'il avait quelques nouvelles sérieuses à lui donner, le solicitor, inquiet de cette tranquillité même, l'informa qu'un examen sérieux l'avait convaincu que le mieux serait peut-être de couper le mal dans sa racine et de proposer une transaction à ce prétendant nouveau. C'était là, le docteur Sarrasin en conviendrait, un conseil essentiellement désintéressé et que bien peu de solicitors eussent donné à la place de Mr. Sharp ! Mais il mettait son amour-propre à régler rapidement cette affaire, qu'il considérait avec des yeux presque paternels.

Le docteur Sarrasin écoutait ces conseils et les trouvait relativement assez sages. Il s'était si bien habitué depuis quelques jours à l'idée de réaliser immédiatement son rêve scientifique, qu'il subordonnait tout à ce projet. Attendre dix ans ou seulement un an avant de pouvoir l'exécuter aurait été maintenant pour lui une cruelle déception. Peu familier d'ailleurs avec les questions légales et financières, et sans être dupe des belles paroles de maître Sharp, il aurait fait bon marché de ses droits pour une bonne somme payée comptant qui lui permît de passer de la théorie à la pratique. Il donna donc également carte blanche à Mr. Sharp et repartit.

Le solicitor avait obtenu ce qu'il voulait. Il était bien vrai qu'un autre aurait peut-être cédé, à sa place, à la tentation d'entamer et de prolonger des procédures destinées à devenir, pour son étude, une grosse rente viagère. Mais Mr. Sharp n'était pas de ces gens qui font des spéculations à long terme. Il voyait à sa portée le moyen facile d'opérer d'un coup une abondante moisson, et il avait résolu de le saisir. Le lendemain, il écrivit au docteur en lui laissant entrevoir que Herr Schultze ne serait peut-être pas opposé à toute idée d'arrangement. Dans de nouvelles visites, faites par lui, soit au docteur Sarrasin, soit à Herr Schultze, il disait alternativement à l'un et à l'autre que la partie adverse ne voulait décidément rien entendre, et que, par surcroît, il était question d'un troisième candidat alléché par l'odeur...

Ce jeu dura huit jours. Tout allait bien le matin, et le soir il s'élevait subitement une objection imprévue qui dérangeait tout. Ce n'était plus pour le bon docteur que chausse-trapes, hésitations, fluctuations. Mr. Sharp ne pouvait se décider à tirer l'hameçon, tant il craignait qu'au dernier moment le poisson ne se débattît et ne fît casser la corde. Mais tant de précaution était, en ce cas, superflu. Dès le premier jour, comme il l'avait dit, le docteur Sarrasin, qui voulait avant tout s'épargner les ennuis d'un procès, avait été prêt pour un arrangement. Lorsque enfin Mr. Sharp crut que le moment psychologique, selon l'expression célèbre, était arrivé, ou que, dans son langage moins noble, son client était << cuit à point >>, il démasqua tout à coup ses batteries et proposa une transaction immédiate.

Un homme bienfaisant se présentait, le banquier Stilbing, qui offrait de partager le différend entre les parties, de leur compter à chacun deux cent cinquante millions et de ne prendre à titre de commission que l'excédent du demi-milliard, soit vingt-sept millions.

Le docteur Sarrasin aurait volontiers embrassé Mr. Sharp, lorsqu'il vint lui soumettre cette offre, qui, en somme, lui paraissait encore superbe. Il était tout prêt à signer, il ne demandait qu'à signer, il aurait voté par-dessus le marché des statues d'or au banquier Stilbing, au solicitor Sharp, à toute la haute banque et à toute la chicane du Royaume-Uni.

Les actes étaient rédigés, les témoins racolés, les machines à timbrer de Somerset House prêtes à fonctionner. Herr Schultze s'était rendu. Mis par ledit Sharp au pied du mur, il avait pu s'assurer en frémissant qu'avec un adversaire de moins bonne composition que le docteur Sarrasin, il en eût été certainement pour ses frais. Ce fut bientôt terminé. Contre leur mandat formel et leur acceptation d'un partage égal, les deux héritiers reçurent chacun un chèque à valoir de cent mille livres sterling, payable à vue, et des promesses de règlement définitif, aussitôt après l'accomplissement des formalités légales.

Ainsi se conclut, pour la plus grande gloire de la supériorité anglo-saxonne, cette étonnante affaire.

On assure que le soir même, en dînant à Cobden-Club avec son ami Stilbing, Mr. Sharp but un verre de champagne à la santé du docteur Sarrasin, un autre à la santé du professeur Schultze, et se laissa aller, en achevant la bouteille, à cette exclamation indiscrète : << *Hurrah* !... *Rule Britannia* !... Il n'y a encore que nous !... >>

La vérité est que le banquier Stilbing considérait son hôte comme un pauvre homme, qui avait lâché pour vingt-sept millions une affaire de cinquante, et, au fond, le professeur pensait de même, du moment, en effet, où lui, Herr Schultze, se sentait forcé d'accepter tout arrangement quelconque ! Et que n'aurait-on pu faire avec un homme comme le docteur Sarrasin, un Celte, léger, mobile, et, bien certainement, visionnaire !

Le professeur avait entendu parler du projet de son rival de fonder une ville française dans des conditions d'hygiène morale et physique propres à développer toutes les qualités de la race et à former de jeunes générations fortes et vaillantes. Cette entreprise lui paraissait absurde, et, à son sens, devait échouer, comme opposée à la loi de progrès qui décrétait l'effondrement de la race latine, son asservissement à la race saxonne, et, dans la suite, sa disparition totale de la surface du globe. Cependant, ces résultats pouvaient être tenus en échec si le programme du docteur avait un commencement de réalisation, à plus forte raison si l'on pouvait croire à son succès. Il appartenait donc à tout Saxon, dans l'intérêt de l'ordre général et pour obéir à une loi inéluctable, de mettre à néant, s'il le pouvait, une entreprise aussi folle. Et dans les circonstances qui se présentaient, il était clair que lui, Schultze, M. D. *privat docent* de chimie à l'Université d'Iéna, connu par ses nombreux travaux comparatifs sur les différentes races humaines - travaux où il était prouvé que la race germanique devait les absorber toutes - , il était clair enfin qu'il était particulièrement désigné par la grande force constamment créative et destructive de la nature, pour anéantir ces pygmées qui se rebellaient contre elle. De toute éternité, il avait été arrêté que Thérèse Langévol épouserait Martin Schultze, et qu'un jour les deux nationalités, se trouvant en présence dans la personne du docteur français et du professeur allemand, celui-ci écraserait celui-là. Déjà il avait en main la moitié de la fortune du docteur. C'était l'instrument qu'il lui fallait.

D'ailleurs, ce projet n'était pour Herr Schultze que très secondaire ; il ne faisait que s'ajouter à ceux, beaucoup plus vastes, qu'il formait pour la destruction de tous les peuples qui refuseraient de se fusionner avec le peuple germain et de se réunir au Vaterland. Cependant, voulant connaître à fond - si tant est qu'ils pussent avoir un fond - , les plans du docteur Sarrasin, dont il se constituait déjà l'implacable ennemi, il se fit admettre au Congrès international d'Hygiène et en suivit assidûment les séances. C'est au sortir de cette assemblée que quelques membres, parmi lesquels se trouvait le docteur Sarrasin lui- même, l'entendirent un jour faire cette déclaration : qu'il s'élèverait en même temps que France-Ville une cité forte qui ne laisserait pas subsister cette fourmilière absurde et anormale.

<< J'espère, ajouta-t-il, que l'expérience que nous ferons sur elle servira d'exemple au monde ! >>

Le bon docteur Sarrasin, si plein d'amour qu'il fût pour l'humanité, n'en était pas à avoir besoin d'apprendre que tous ses semblables ne méritaient pas le nom de philanthropes. Il enregistra avec soin ces paroles de son adversaire, pensant, en homme sensé, qu'aucune menace ne devait être négligée. Quelque temps après, écrivant à Marcel pour l'inviter à l'aider dans son entreprise, il lui raconta cet incident, et lui fit un portrait de Herr Schultze, qui donna à penser au jeune Alsacien que le bon docteur aurait là un rude adversaire. Et comme le docteur ajoutait :

<< Nous aurons besoin d'hommes forts et énergiques, de savants actifs, non seulement pour édifier, mais pour nous défendre >>, Marcel lui répondit :

<< Si je ne puis immédiatement vous apporter mon concours pour la fondation de votre cité, comptez cependant que vous me trouverez en temps utile. Je ne perdrai pas un seul jour de vue ce Herr Schultze, que vous me dépeignez si bien. Ma qualité d'Alsacien me donne le droit de m'occuper de ses affaires. De près ou de loin, je vous suis tout dévoué. Si, par impossible, vous restiez quelques mois ou même quelques années sans entendre parler de moi, ne vous en inquiétez pas. De loin comme de près, je n'aurai qu'une pensée : travailler pour vous, et, par conséquent, servir la France. >>

V   LA CITE DE L'ACIER

Les lieux et les temps sont changés. Il y a cinq années que l'héritage de la Bégum est aux mains de ses deux héritiers et la scène est transportée maintenant aux Etats-Unis, au sud de l'Oregon, à dix lieues du littoral du Pacifique. Là s'étend un district vague encore, mal délimité entre les deux puissances limitrophes, et qui forme comme une sorte de Suisse américaine.

Suisse, en effet, si l'on ne regarde que la superficie des choses, les pics abrupts qui se dressent vers le ciel, les vallées profondes qui séparent de longues chaînes de hauteurs, l'aspect grandiose et sauvage de tous les sites pris à vol d'oiseau.

Mais cette fausse Suisse n'est pas, comme la Suisse européenne, livrée aux industries pacifiques du berger, du guide et du maître d'hôtel. Ce n'est qu'un décor alpestre, une croûte de rocs, de terre et de pins séculaires, posée sur un bloc de fer et de houille.

Si le touriste, arrêté dans ces solitudes, prête l'oreille aux bruits de la nature, il n'entend pas, comme dans les sentiers de l'Oberland, le murmure harmonieux de la vie mêlé au grand silence de la montagne. Mais il saisit au loin les coups sourds du marteau-pilon, et, sous ses pieds, les détonations étouffées de la poudre. Il semble que le sol soit machiné comme les dessous d'un théâtre, que ces roches gigantesques sonnent creux et qu'elles peuvent d'un moment à l'autre s'abîmer dans de mystérieuses profondeurs.

Les chemins, macadamisés de cendres et de coke, s'enroulent aux flancs des montagnes. Sous les touffes d'herbes jaunâtres, de petits tas de scories, diaprées de toutes les couleurs du prisme, brillent comme des yeux de basilic. Çà et là, un vieux puits de mine abandonné, déchiqueté par les pluies, déshonoré par les ronces, ouvre sa gueule béante, gouffre sans fond, pareil au cratère d'un volcan éteint. L'air est chargé de fumée et pèse comme un manteau sombre sur la terre. Pas un oiseau ne le traverse, les insectes mêmes semblent le fuir, et de mémoire d'homme on n'y a vu un papillon.

Fausse Suisse ! A sa limite nord, au point où les contreforts viennent se fondre dans la plaine, s'ouvre, entre deux chaînes de collines maigres, ce qu'on appelait jusqu'en 1871 le << désert rouge >>, à cause de la couleur du sol, tout imprégné d'oxydes de fer, et ce qu'on appelle maintenant Stahlfield, << le champ d'acier >>.

Qu'on imagine un plateau de cinq à six lieues carrées, au sol sablonneux, parsemé de galets, aride et désolé comme le lit de quelque ancienne mer intérieure. Pour animer cette lande, lui donner la vie et le mouvement, la nature n'avait rien fait ; mais l'homme a déployé tout à coup une énergie et une vigueur sans égales.

Sur la plaine nue et rocailleuse, en cinq ans, dix-huit villages d'ouvriers, aux petites maisons de bois uniformes et grises, ont surgi, apportés tout bâtis de Chicago, et renferment une nombreuse population de rudes travailleurs.

C'est au centre de ces villages, au pied même des CoalsButts, inépuisables montagnes de charbon de terre, que s'élève une masse sombre, colossale, étrange, une agglomération de bâtiments réguliers percés de fenêtres symétriques, couverts de toits rouges, surmontés d'une forêt de cheminées cylindriques, et qui vomissent par ces mille bouches des torrents continus de vapeurs fuligineuses. Le ciel en est voilé d'un rideau noir, sur lequel passent par instants de rapides éclairs rouges. Le vent apporte un grondement lointain, pareil à celui d'un tonnerre ou d'une grosse houle, mais plus régulier et plus grave.

Cette masse est Stahlstadt, la Cité de l'Acier, la ville allemande, la propriété personnelle de Herr Schultze, l'ex-professeur de chimie d'Iéna, devenu, de par les millions de la Bégum, le plus grand travailleur du fer et, spécialement, le plus grand fondeur de canons des deux mondes.

Il en fond, en vérité, de toutes formes et de tout calibre, à âme lisse et à raies, à culasse mobile et à culasse fixe, pour la Russie et pour la Turquie, pour la Roumanie et pour le Japon, pour l'Italie et pour la Chine, mais surtout pour l'Allemagne.

Grâce à la puissance d'un capital énorme, un établissement monstre, une ville véritable, qui est en même temps une usine modèle, est sortie de terre comme à un coup de baguette. Trente mille travailleurs, pour la plupart allemands d'origine, sont venus se grouper autour d'elle et en former les faubourgs. En quelques mois, ses produits ont dû à leur écrasante supériorité une célébrité universelle.

Le professeur Schultze extrait le minerai de fer et la houille de ses propres mines. Sur place, il les transforme en acier fondu. Sur place, il en fait des canons.

Ce qu'aucun de ses concurrents ne peut faire, il arrive, lui, à le réaliser. En France, on obtient des lingots d'acier de quarante mille kilogrammes. En Angleterre, on a fabriqué un canon en fer forgé de cent tonnes. A Essen, M. Krupp est arrivé à fondre des blocs d'acier de cinq cent mille kilogrammes. Herr Schultze ne connaît pas de limites : demandez-lui un canon d'un poids quelconque et d'une puissance quelle qu'elle soit, il vous servira ce canon, brillant comme un sou neuf, dans les délais convenus.

Mais, par exemple, il vous le fera payer ! Il semble que les deux cent cinquante millions de 1871 n'aient fait que le mettre en appétit.

En industrie canonnière comme en toutes choses, on est bien fort lorsqu'on peut ce que les autres ne peuvent pas. Et il n'y a pas à dire, non seulement les canons de Herr Schultze atteignent des dimensions sans précédent, mais, s'ils sont susceptibles de se détériorer par l'usage, ils n'éclatent jamais. L'acier de Stahlstadt semble avoir des propriétés spéciales. Il court à cet égard des légendes d'alliages mystérieux, de secrets chimiques. Ce qu'il y a de sûr, c'est que personne n'en sait le fin mot.

Ce qu'il y a de sûr aussi, c'est qu'à Stahlstadt, le secret est gardé avec un soin jaloux.

Dans ce coin écarté de l'Amérique septentrionale, entouré de déserts, isolé du monde par un rempart de montagnes, situé à cinq cents milles des petites agglomérations humaines les plus voisines, on chercherait vainement aucun vestige de cette liberté qui a fondé la puissance de la république des Etats-Unis.

En arrivant sous les murailles mêmes de Stahlstadt, n'essayez pas de franchir une des portes massives qui coupent de distance en distance la ligne des fossés et des fortifications. La consigne la plus impitoyable vous repousserait. Il faut descendre dans l'un des faubourgs. Vous n'entrerez dans la Cité de l'Acier que si vous avez la formule magique, le mot d'ordre, ou tout au moins une autorisation dûment timbrée, signée et paraphée.

Cette autorisation, un jeune ouvrier qui arrivait à Stahlstadt, un matin de novembre, la possédait sans doute, car, après avoir laissé à l'auberge une petite valise de cuir tout usée, il se dirigea à pied vers la porte la plus voisine du village.

C'était un grand gaillard, fortement charpenté, négligemment vêtu, à la mode des pionniers américains, d'une vareuse lâche, d'une chemise de laine sans col et d'un pantalon de velours à côtes, engouffré dans de grosses bottes. Il rabattait sur son visage un large chapeau de feutre, comme pour mieux dissimuler la poussière de charbon dont sa peau était imprégnée, et marchait d'un pas élastique en sifflotant dans sa barbe brune. Arrivé au guichet, ce jeune homme exhiba au chef de poste une feuille imprimée et fut aussitôt admis.

<< Votre ordre porte l'adresse du contremaître Seligmann, section K, rue IX, atelier 743, dit le sous-officier. Vous n'avez qu'à suivre le chemin de ronde, sur votre droite, jusqu'à la borne K, et à vous présenter au concierge... Vous savez le règlement ? Expulsé, si vous entrez dans un autre secteur que le vôtre >>, ajouta-t-il au moment où le nouveau venu s'éloignait.

Le jeune ouvrier suivit la direction qui lui était indiquée et s'engagea dans le chemin de ronde. A sa droite, se creusait un fossé, sur la crête duquel se promenaient des sentinelles. A sa gauche, entre la large route circulaire et la masse des bâtiments, se dessinait d'abord la double ligne d'un chemin de fer de ceinture ; puis une seconde muraille s'élevait, pareille à la muraille extérieure, ce qui indiquait la configuration de la Cité de l'Acier.

C'était celle d'une circonférence dont les secteurs, limités en guise de rayons par une ligne fortifiée, étaient parfaitement indépendants les uns des autres, quoique enveloppés d'un mur et d'un fossé communs.

Le jeune ouvrier arriva bientôt à la borne K, placée à la lisière du chemin, en face d'une porte monumentale que surmontait la même lettre sculptée dans la pierre, et il se présenta au concierge.

Cette fois, au lieu d'avoir affaire à un soldat, il se trouvait en présence d'un invalide, à jambe de bois et poitrine médaillée.

L'invalide examina la feuille, y apposa un nouveau timbre et dit :

<< Tout droit. Neuvième rue à gauche. >>

Le jeune homme franchit cette seconde ligne retranchée et se trouva enfin dans le secteur K. La route qui débouchait de la porte en était l'axe. De chaque côté s'allongeaient à angle droit des files de constructions uniformes.

Le tintamarre des machines était alors assourdissant. Ces bâtiments gris, percés à jour de milliers de fenêtres, semblaient plutôt des monstres vivants que des choses inertes. Mais le nouveau venu était sans doute blasé sur le spectacle, car il n'y prêta pas la moindre attention.

En cinq minutes, il eut trouvé la rue IX l'atelier 743, et il arriva dans un petit bureau plein de cartons et de registres, en présence du contremaître Seligmann.

Celui-ci prit la feuille munie de tous ses visas, la vérifia, et, reportant ses yeux sur le jeune ouvrier :

<< Embauché comme puddleur ?... demanda-t-il. Vous paraissez bien jeune ?

- L'âge ne fait rien, répondit l'autre. J'ai bientôt vingt-six ans, et j'ai déjà puddlé pendant sept mois... Si cela vous intéresse, je puis vous montrer les certificats sur la présentation desquels j'ai été engagé à New York par le chef du personnel. >>

Le jeune homme parlait l'allemand non sans facilité, mais avec un léger accent qui sembla éveiller les défiances du contremaître.

<< Est-ce que vous êtes alsacien ? lui demanda celui-ci.

-Non, je suis suisse... de Schaffouse. Tenez, voici tous mes papiers qui sont en règle. >>

Il tira d'un portefeuille de cuir et montra au contremaître un passeport, un livret, des certificats.

<< C'est bon. Après tout, vous êtes embauché et je n'ai plus qu'à vous désigner votre place >>, reprit Seligmann, rassuré par ce déploiement de documents officiels.

Il écrivit sur un registre le nom de Johann Schwartz, qu'il copia sur la feuille d'engagement, remit au jeune homme une carte bleue à son nom portant le numéro 57938, et ajouta :

<< Vous devez être à la porte K tous les matins à sept heures, présenter cette carte qui vous aura permis de franchir l'enceinte extérieure, prendre au râtelier de la loge un jeton de présence à votre numéro matricule et me le montrer en arrivant. A sept heures du soir, en sortant, vous le jetez dans un tronc placé à la porte de l'atelier et qui n'est ouvert qu'à cet instant.

- Je connais le système... Peut-on loger dans l'enceinte ? demanda Schwartz.

- Non. Vous devez vous procurer une demeure à l'extérieur, mais vous pourrez prendre vos repas à la cantine de l'atelier pour un prix très modéré. Votre salaire est d'un dollar par jour en débutant. Il s'accroît d'un vingtième par trimestre... L'expulsion est la seule peine. Elle est prononcée par moi en première instance, et par l'ingénieur en appel, sur toute infraction au règlement... Commencez-vous aujourd'hui ?

- Pourquoi pas ?

- Ce ne sera qu'une demi-journée >>, fit observer le contremaître en guidant Schwartz vers une galerie intérieure.

Tous deux suivirent un large couloir, traversèrent une cour et pénétrèrent dans une vaste halle, semblable, par ses dimensions comme par la disposition de sa légère charpente, au débarcadère d'une gare de premier ordre. Schwartz, en la mesurant d'un coup d'oeil, ne put retenir un mouvement d'admiration professionnelle.

De chaque côté de cette longue halle, deux rangées d'énormes colonnes cylindriques, aussi grandes, en diamètre comme en hauteur, que celles de Saint-Pierre de Rome, s'élevaient du sol jusqu'à la voûte de verre qu'elles transperçaient de part en part. C'étaient les cheminées d'autant de fours à puddler, maçonnés à leur base. Il y en avait cinquante sur chaque rangée.

A l'une des extrémités, des locomotives amenaient à tout instant des trains de wagons chargés de lingots de fonte qui venaient alimenter les fours. A l'autre extrémité, des trains de wagons vides recevaient et emportaient cette fonte transformée en acier.

L'opération du << puddlage >> a pour but d'effectuer cette métamorphose. Des équipes de cyclopes demi-nus, armés d'un long crochet de fer, s'y livraient avec activité.

Les lingots de fonte, jetés dans un four doublé d'un revêtement de scories, y étaient d'abord portés à une température élevée. Pour obtenir du fer, on aurait commencé à brasser cette fonte aussitôt qu'elle serait devenue pâteuse. Pour obtenir de l'acier, ce carbure de fer, si voisin et pourtant si distinct par ses propriétés de son congénère, on attendait que la fonte fût fluide et l'on avait soin de maintenir dans les fours une chaleur plus forte. Le puddleur, alors, du bout de son crochet, pétrissait et roulait en tous sens la masse métallique ; il la tournait et retournait au milieu de la flamme ; puis, au moment précis où elle atteignait, par son mélange avec les scories, un certain degré de résistance, il la divisait en quatre boules ou << loupes >> spongieuses, qu'il livrait, une à une, aux aides-marteleurs.

C'est dans l'axe même de la halle que se poursuivait l'opération. En face de chaque four et lui correspondant, un marteau-pilon, mis en mouvement par la vapeur d'une chaudière verticale logée dans la cheminée même, occupait un ouvrier << cingleur >>. Armé de pied en cap de bottes et de brassards de tôle, protégé par un épais tablier de cuir, masqué de toile métallique, ce cuirassier de l'industrie prenait au bout de ses longues tenailles la loupe incandescente et la soumettait au marteau. Battue et rebattue sous le poids de cette énorme masse, elle exprimait comme une éponge toutes les matières impures dont elle s'était chargée, au milieu d'une pluie d'étincelles et d'éclaboussures.

Le cuirassier la rendait aux aides pour la remettre au four, et, une fois réchauffée, la rebattre de nouveau.

Dans l'immensité de cette forge monstre, c'était un mouvement incessant, des cascades de courroies sans fin, des coups sourds sur la basse d'un ronflement continu, des feux d'artifice de paillettes rouges, des éblouissements de fours chauffés à blanc. Au milieu de ces grondements et de ces rages de la matière asservie, l'homme semblait presque un enfant.

De rudes gars pourtant, ces puddleurs ! Pétrir à bout de bras, dans une température torride, une pâte métallique de deux cent kilogrammes, rester plusieurs heures l'oeil fixé sur ce fer incandescent qui aveugle, c'est un régime terrible et qui use son homme en dix ans.

Schwartz, comme pour montrer au contremaître qu'il était capable de le supporter, se dépouilla de sa vareuse et de sa chemise de laine, et, exhibant un torse d'athlète, sur lequel ses muscles dessinaient toutes leurs attaches, il prit le crochet que maniait un des puddleurs, et commença à manoeuvrer.

Voyant qu'il s'acquittait fort bien de sa besogne, le contremaître ne tarda pas à le laisser pour rentrer à son bureau.

Le jeune ouvrier continua, jusqu'à l'heure du dîner, de puddler des blocs de fonte. Mais, soit qu'il apportât trop d'ardeur à l'ouvrage, soit qu'il eût négligé de prendre ce matin-là le repas substantiel qu'exige un pareil déploiement de force physique, il parut bientôt las et défaillant. Défaillant au point que le chef d'équipe s'en aperçut.

<< Vous n'êtes pas fait pour puddler, mon garçon, lui dit celui-ci, et vous feriez mieux de demander tout de suite un changement de secteur, qu'on ne vous accordera pas plus tard. >> Schwartz protesta. Ce n'était qu'une fatigue passagère ! Il pourrait puddler tout comme un autre !...

Le chef d'équipe n'en fit pas moins son rapport, et le jeune homme fut immédiatement appelé chez l'ingénieur en chef.

Ce personnage examina ses papiers, hocha la tête, et lui demanda d'un ton inquisitorial :

<< Est-ce que vous étiez puddleur à Brooklyn ? >>

Schwartz baissait les yeux tout confus.

<< Je vois bien qu'il faut l'avouer, dit-il. J'étais employé à la coulée, et c'est dans l'espoir d'augmenter mon salaire que j'avais voulu essayer du puddlage !

- Vous êtes tous les mêmes ! répondit l'ingénieur en haussant les épaules. A vingt-cinq ans, vous voulez savoir ce qu'un homme de trente-cinq ne fait qu'exceptionnellement !... Etes-vous bon fondeur, au moins ?

- J'étais depuis deux mois à la première classe.

- Vous auriez mieux fait d'y rester, en ce cas ! Ici, vous allez commencer par entrer dans la troisième. Encore pouvez-vous vous estimer heureux que je vous facilite ce changement de secteur ! >>

L'ingénieur écrivit quelques mots sur un laissez-passer, expédia une dépêche et dit :

<< Rendez votre jeton, sortez de la division et allez directement au secteur O, bureau de l'ingénieur en chef. Il est prévenu. >>

Les mêmes formalités qui avaient arrêté Schwartz à la porte du secteur K l'accueillirent au secteur O. Là, comme le matin, il fut interrogé, accepté, adressé à un chef d'atelier, qui l'introduisit dans une salle de coulée. Mais ici le travail était plus silencieux et plus méthodique.

<< Ce n'est qu'une petite galerie pour la fonte des pièces de 42, lui dit le contremaître. Les ouvriers de première classe seuls sont admis aux halles de coulée de gros canons. >>

La << petite >> galerie n'en avait pas moins cent cinquante mètres de long sur soixante-cinq de large. Elle devait, à l'estime de Schwartz, chauffer au moins six cents creusets, placés par quatre, par huit ou par douze, selon leurs dimensions, dans les fours latéraux.

Les moules destinés à recevoir l'acier en fusion étaient allongés dans l'axe de la galerie, au fond d'une tranchée médiane. De chaque côté de la tranchée, une ligne de rails portait une grue mobile, qui, roulant à volonté, venait opérer où il était nécessaire le déplacement de ces énormes poids. Comme dans les halles de puddlage, à un bout débouchait le chemin de fer qui apportait les blocs d'acier fondu, à l'autre celui qui emportait les canons sortant du moule.

Près de chaque moule, un homme armé d'une tige en fer surveillait la température à l'état de la fusion dans les creusets.

Les procédés que Schwartz avait vu mettre en oeuvre ailleurs étaient portés là à un degré singulier de perfection.

Le moment venu d'opérer une coulée, un timbre avertisseur donnait le signal à tous les surveillants de fusion. Aussitôt, d'un pas égal et rigoureusement mesuré, des ouvriers de même taille, soutenant sur les épaules une barre de fer horizontale, venaient deux à deux se placer devant chaque four.

Un officier armé d'un sifflet, son chronomètre à fractions de seconde en main, se portait près du moule, convenablement logé à proximité de tous les fours en action. De chaque côté, des conduits en terre réfractaire, recouverte de tôle, convergeaient, en descendant sur des pentes douces, jusqu'à une cuvette en entonnoir, placée directement au-dessus du moule. Le commandant donnait un coup de sifflet. Aussitôt, un creuset, tiré du feu à l'aide d'une pince, était suspendu à la barre de fer des deux ouvriers arrêtés devant le premier four. Le sifflet commençait alors une série de modulations, et les deux hommes venaient en mesure vider le contenu de leur creuset dans le conduit correspondant. Puis ils jetaient dans une cuve le récipient vide et brûlant.

Sans interruption, à intervalles exactement comptés, afin que la coulée fût absolument régulière et constante, les équipes des autres fours agissaient successivement de même.

La précision était si extraordinaire, qu'au dixième de seconde fixé par le dernier mouvement, le dernier creuset était vide et précipité dans la cuve. Cette manoeuvre parfaite semblait plutôt le résultat d'un mécanisme aveugle que celui du concours de cent volontés humaines. Une discipline inflexible, la force de l'habitude et la puissance d'une mesure musicale faisaient pourtant ce miracle.

Schwartz paraissait familier avec un tel spectacle. Il fut bientôt accouplé à un ouvrier de sa taille, éprouvé dans une coulée peu importante et reconnu excellent praticien. Son chef d'équipe, à la fin de la journée, lui promit même un avancement rapide.

Lui, cependant, à peine sorti, à sept heures du soir, du secteur O et de l'enceinte extérieure, il était allé reprendre sa valise à l'auberge. Il suivit alors un des chemins extérieurs, et, arrivant bientôt à un groupe d'habitations qu'il avait remarquées dans la matinée, il trouva aisément un logis de garçon chez une brave femme qui << recevait des pensionnaires >>.

Mais on ne le vit pas, ce jeune ouvrier, aller après souper à la recherche d'une brasserie. Il s'enferma dans sa chambre, tira de sa poche un fragment d'acier ramassé sans doute dans la salle de puddlage, et un fragment de terre à creuset recueilli dans le secteur O ; puis, il les examina avec un soin singulier, à la lueur d'une lampe fumeuse.

Il prit ensuite dans sa valise un gros cahier cartonné, en feuilleta les pages chargées de notes, de formules et de calculs, et écrivit ce qui suit en bon français, mais, pour plus de précautions, dans une langue chiffrée dont lui seul connaissait le chiffre :

<< 10 novembre. - *Stahlstadt*. - Il n'y a rien de particulier dans le mode de puddlage, si ce n'est, bien entendu, le choix de deux températures différentes et relativement basses pour la première chauffe et le réchauffage, selon les règles déterminées par Chernoff. Quant à la coulée, elle s'opère suivant le procédé Krupp, mais avec une égalité de mouvements véritablement admirable. Cette précision dans les manoeuvres est la grande force allemande. Elle procède du sentiment musical inné dans la race germanique. Jamais les Anglais ne pourront atteindre à cette perfection : l'oreille leur manque, sinon la discipline. Des Français peuvent y arriver aisément, eux qui sont les premiers danseurs du monde. Jusqu'ici donc, rien de mystérieux dans les succès si remarquables de cette fabrication. Les échantillons de minerai que j'ai recueillis dans la montagne sont sensiblement analogues à nos bons fers. Les spécimens de houille sont assurément très beaux et de qualité éminemment métallurgique, mais sans rien non plus d'anormal. Il n'est pas douteux que la fabrication Schultze ne prenne un soin spécial de dégager ces matières premières de tout mélange étranger et ne les emploie qu'à l'état de pureté parfaite. Mais c'est encore là un résultat facile à réaliser. Il ne reste donc, pour être en possession de tous les éléments du problème, qu'à déterminer la composition de cette terre réfractaire, dont sont faits les creusets et les tuyaux de coulée. Cet objet atteint et nos équipes de fondeurs convenablement disciplinées, je ne vois pas pourquoi nous ne ferions pas ce qui se fait ici ! Avec tout cela, je n'ai encore vu que deux secteurs, et il y en a au moins vingt-quatre, sans compter l'organisme central, le département des plans et des modèles, le cabinet secret ! Que peuvent-ils bien machiner dans cette caverne ? Que ne doivent pas craindre nos amis après les menaces formulées par Herr Schultze, lorsqu'il est entré en possession de son héritage ? >>

Sur ces points d'interrogation, Schwartz, assez fatigué de sa journée, se déshabilla, se glissa dans un petit lit aussi inconfortable que peut l'être un lit allemand - ce qui est beaucoup dire -, alluma une pipe et se mit à fumer en lisant un vieux livre. Mais sa pensée semblait être ailleurs. Sur ses lèvres, les petits jets de vapeur odorante se succédaient en cadence et faisaient :

<< Peuh !... Peuh !... Peuh !... Peuh !... >>

Il finit par déposer son livre et resta songeur pendant longtemps, comme absorbé dans la solution d'un problème difficile.

« Ah ! s'écria-t-il enfin, quand le diable lui-même s'en mêlerait, je découvrirai le secret de Herr Schultze, et surtout ce qu'il peut méditer contre France-Ville ! »

Schwartz s'endormit en prononçant le nom du docteur Sarrasin ; mais, dans son sommeil, ce fut le nom de Jeanne, petite fille, qui revint sur ses lèvres. Le souvenir de la fillette était resté entier, encore bien que Jeanne, depuis qu'il l'avait quittée, fût devenue une jeune demoiselle. Ce phénomène s'explique aisément par les lois ordinaires de l'association des idées : l'idée du docteur renfermait celle de sa fille, association par contiguïté. Aussi, lorsque Schwartz, ou plutôt Marcel Bruckmann, s'éveilla, ayant encore le nom de Jeanne à la pensée, il ne s'en étonna pas et vit dans ce fait une nouvelle preuve de l'excellence des principes psychologiques de Stuart Mill.

VI LE PUITS ALBRECHT

Madame Bauer, la bonne femme qui donnait l'hospitalité à Marcel Bruckmann, suissesse de naissance, était la veuve d'un mineur tué quatre ans auparavant dans un de ces cataclysmes qui font de la vie du houilleur une bataille de tous les instants. L'usine lui servait une petite pension annuelle de trente dollars, à laquelle elle ajoutait le mince produit d'une chambre meublée et le salaire que lui apportait tous les dimanches son petit garçon Carl.

Quoique à peine âgé de treize ans, Carl était employé dans la houillère pour fermer et ouvrir, au passage des wagonnets de charbon, une de ces portes d'air qui sont indispensables à la ventilation des galeries, en forçant le courant à suivre une direction déterminée. La maison tenue à bail par sa mère, se trouvant trop loin du puits Albrecht pour qu'il pût rentrer tous les soirs au logis, on lui avait donné par surcroît une petite fonction nocturne au fond de la mine même. Il était chargé de garder et de panser six chevaux dans leur écurie souterraine, pendant que le palefrenier remontait au-dehors.

La vie de Carl se passait donc presque tout entière à cinq cents mètres au-dessous de la surface terrestre. Le jour, il se tenait en sentinelle auprès de sa porte d'air ; la nuit, il dormait sur la paille auprès de ses chevaux. Le dimanche matin seulement, il revenait à la lumière et pouvait pour quelques heures profiter de ce patrimoine commun des hommes : le soleil, le ciel bleu et le sourire maternel.

Comme on peut bien penser, après une pareille semaine, lorsqu'il sortait du puits, son aspect n'était pas précisément celui d'un jeune « gommeux ». Il ressemblait plutôt à un gnome de féerie, à un ramoneur ou à un Nègre papou. Aussi dame Bauer consacrait-elle généralement une grande heure à le débarbouiller à grand renfort d'eau chaude et de savon. Puis, elle lui faisait revêtir un bon costume de gros drap vert, taillé dans une défroque paternelle qu'elle tirait des profondeurs de sa grande armoire de sapin, et, de ce moment jusqu'au soir, elle ne se lassait pas d'admirer son garçon, le trouvant le plus beau du monde.

Dépouillé de son sédiment de charbon, Carl, vraiment, n'était pas plus laid qu'un autre. Ses cheveux blonds et soyeux, ses yeux bleus et doux, allaient bien à son teint d'une blancheur excessive ; mais sa taille était trop exiguë pour son âge. Cette vie sans soleil le rendait aussi anémique qu'une laitue, et il est vraisemblable que le compte-globules du docteur Sarrasin, appliqué au sang du petit mineur, y aurait révélé une quantité tout à fait insuffisante de monnaie hématique.

Au moral, c'était un enfant silencieux, flegmatique, tranquille, avec une pointe de cette fierté que le sentiment du péril continuel, l'habitude du travail régulier et la satisfaction de la difficulté vaincue donnent à tous les mineurs sans exception.

Son grand bonheur était de s'asseoir auprès de sa mère, à la table carrée qui occupait le milieu de la salle basse, et de piquer sur un carton une multitude d'insectes affreux qu'il rapportait des entrailles de la terre. L'atmosphère tiède et égale des mines a sa faune spéciale, peu connue des naturalistes, comme les parois humides de la houille ont leur flore étrange de mousses verdâtres, de champignons non décrits et de flocons amorphes. C'est ce que l'ingénieur Maulesmulhe, amoureux d'entomologie, avait remarqué, et il avait promis un petit écu pour chaque espèce nouvelle dont Carl pourrait lui apporter un spécimen. Perspective dorée, qui avait d'abord amené le garçonnet à explorer avec soin tous les recoins de la houillère, et qui, petit à petit, avait fait de lui un collectionneur. Aussi, c'était pour son propre compte qu'il recherchait maintenant les insectes.

Au surplus, il ne limitait pas ses affections aux araignées et aux cloportes. Il entretenait, dans sa solitude, des relations intimes avec deux chauves-souris et avec un gros rat mulot. Même, s'il fallait l'en croire, ces trois animaux étaient les bêtes les plus intelligentes et les plus aimables du monde ; plus spirituelles encore que ses chevaux aux longs poils soyeux et à la croupe luisante, dont Carl ne parlait pourtant qu'avec admiration.

Il y avait Blair-Athol, surtout, le doyen de l'écurie, un vieux philosophe, descendu depuis six ans à cinq cents mètres au-dessous du niveau de la mer, et qui n'avait jamais revu la lumière du jour. Il était maintenant presque aveugle. Mais comme il connaissait bien son labyrinthe souterrain ! Comme il savait tourner à droite ou à gauche, en traînant son wagon, sans jamais se tromper d'un pas ! Comme il s'arrêtait à point devant les portes d'air, afin de laisser l'espace nécessaire à les ouvrir ! Comme il hennissait amicalement, matin et soir, à la minute exacte où sa provende lui était due ! Et si bon, si caressant, si tendre !

<< Je vous assure, mère, qu'il me donne réellement un baiser en frottant sa joue contre la mienne, quand j'avance ma tête auprès de lui, disait Carl. Et c'est très commode, savez vous, que Blair-Athol ait ainsi une horloge dans la tête ! Sans lui, nous ne saurions pas, de toute la semaine, s'il est nuit ou jour, soir ou matin ! >>

Ainsi bavardait l'enfant, et dame Bauer l'écoutait avec ravissement. Elle aimait Blair-Athol, elle aussi, de toute l'affection que lui portait son garçon, et ne manquait guère, à l'occasion, de lui envoyer un morceau de sucre. Que n'aurait-elle pas donné pour aller voir ce vieux serviteur, que son homme avait connu, et en même temps visiter l'emplacement sinistre où le cadavre du pauvre Bauer, noir comme de l'encre, carbonisé par le feu grisou, avait été retrouvé après l'explosion ?... Mais les femmes ne sont pas admises dans la mine, et il fallait se contenter des descriptions incessantes que lui en faisait son fils.

Ah ! elle la connaissait bien, cette houillère, ce grand trou noir d'où son mari n'était pas revenu ! Que de fois elle avait attendu, auprès de cette gueule béante, de dix-huit pieds de diamètre, suivi du regard, le long du muraillement en pierres de taille, la double cage en chêne dans laquelle glissaient les bennes accrochées à leur câble et suspendues aux poulies d'acier, visité la haute charpente extérieure, le bâtiment de la machine à vapeur, la cabine du marqueur, et le reste ! Que de fois elle s'était réchauffée au brasier toujours ardent de cette énorme corbeille de fer où les mineurs sèchent leurs habits en émergeant du gouffre, où les fumeurs impatients allument leur pipe ! Comme elle était familière avec le bruit et l'activité de cette porte infernale ! Les receveurs qui détachent les wagons chargés de houille, les accrocheurs, les trieurs, les laveurs, les mécaniciens, les chauffeurs, elle les avait tous vus et revus à la tâche !

Ce qu'elle n'avait pu voir et ce qu'elle voyait bien, pourtant, par les yeux du coeur, c'est ce qui se passait, lorsque la benne s'était engloutie, emportant la grappe humaine d'ouvriers, parmi eux son mari jadis, et maintenant son unique enfant !

Elle entendait leurs voix et leurs rires s'éloigner dans la profondeur, s'affaiblir, puis cesser. Elle suivait par la pensée cette cage, qui s'enfonçait dans le boyau étroit et vertical, à cinq, six cents mètres, - quatre fois la hauteur de la grande pyramide !... Elle la voyait arriver enfin au terme de sa course, et les hommes s'empresser de mettre pied à terre !

Les voilà se dispersant dans la ville souterraine, prenant l'un à droite, l'autre à gauche ; les rouleurs allant à leur wagon ; les piqueurs, armés du pic de fer qui leur donne son nom, se dirigeant vers le bloc de houille qu'il s'agit d'attaquer ; les remblayeurs s'occupant à remplacer par des matériaux solides les trésors de charbon qui ont été extraits, les boiseurs établissant les charpentes qui soutiennent les galeries non muraillées ; les cantonniers réparant les voies, posant les rails ; les maçons assemblant les voûtes...

Une galerie centrale part du puits et aboutit comme un large boulevard à un autre puits éloigné de trois ou quatre kilomètres. De là rayonnent à angles droits des galeries secondaires, et, sur les lignes parallèles, les galeries de troisième ordre. Entre ces voies se dressent des murailles, des piliers formés par la houille même ou par la roche. Tout cela régulier, carré, solide, noir !...

Et dans ce dédale de rues, égales de largeur et de longueur, toute une armée de mineurs demi-nus s'agitant, causant, travaillant à la lueur de leurs lampes de sûreté !...

Voilà ce que dame Bauer se représentait souvent, quand elle était seule, songeuse, au coin de son feu.

Dans cet entrecroisement de galeries, elle en voyait une surtout, une qu'elle connaissait mieux que les autres, dont son petit Carl ouvrait et refermait la porte.

Le soir venu, la bordée de jour remontait pour être remplacée par la bordée de nuit. Mais son garçon, à elle, ne reprenait pas place dans la benne. Il se rendait à l'écurie, il retrouvait son cher Blair-Athol, il lui servait son souper d'avoine et sa provision de foin ; puis il mangeait à son tour le petit dîner froid qu'on lui descendait de là-haut, jouait un instant avec son gros rat, immobile à ses pieds, avec ses deux chauves- souris voletant lourdement autour de lui, et s'endormait sur la litière de paille.

Comme elle savait bien tout cela, dame Bauer, et comme elle comprenait à demi-mot tous les détails que lui donnait Carl !

<< Savez-vous, mère, ce que m'a dit hier M. l'ingénieur Maulesmulhe ? Il a dit que, si je répondais bien sur les questions d'arithmétique qu'il me posera un de ces jours, il me prendrait pour tenir la chaîne d'arpentage, quand il lève des plans dans la mine avec sa boussole. Il paraît qu'on va percer une galerie pour aller rejoindre le puits Weber, et il aura fort à faire pour tomber juste !

- Vraiment ! s'écriait dame Bauer enchantée, M. l'ingénieur Maulesmulhe a dit cela ! >>

Et elle se représentait déjà son garçon tenant la chaîne, le long des galeries, tandis que l'ingénieur, carnet en main, relevait les chiffres, et, l'oeil fixé sur la boussole, déterminait la direction de la percée.

<< Malheureusement, reprit Carl, je n'ai personne pour m'expliquer ce que je ne comprends pas dans mon arithmétique, et j'ai bien peur de mal répondre ! >>

Ici, Marcel, qui fumait silencieusement au coin du feu, comme sa qualité de pensionnaire de la maison lui en donnait le droit, se mêla de la conversation pour dire à l'enfant :

<< Si tu veux m'indiquer ce qui t'embarrasse, je pourrai peut-être te l'expliquer.

- Vous ? fit dame Bauer avec quelque incrédulité.

- Sans doute, répondit Marcel. Croyez-vous que je n'apprenne rien aux cours du soir, où je vais régulièrement après souper ? Le maître est très content de moi et dit que je pourrais servir de moniteur ! >>

Ces principes posés, Marcel alla prendre dans sa chambre un cahier de papier blanc, s'installa auprès du petit garçon, lui demanda ce qui l'arrêtait dans son problème et le lui expliqua avec tant de clarté, que Carl, émerveillé, n'y trouva plus la moindre difficulté.

A dater de ce jour, dame Bauer eut plus de considération pour son pensionnaire, et Marcel se prit d'affection pour son petit camarade.

Du reste il se montrait lui-même un ouvrier exemplaire et n'avait pas tardé à être promu d'abord à la seconde, puis à la première classe. Tous les matins, à sept heures, il était à la porte 0. Tous les soirs, après son souper, il se rendait au cours professé par l'ingénieur Trubner. Géométrie, algèbre, dessin de figures et de machines, il abordait tout avec une égale ardeur, et ses progrès étaient si rapides, que le maître en fut vivement frappé. Deux mois après être entré à l'usine Schultze, le jeune ouvrier était déjà noté comme une des intelligences les plus ouvertes, non seulement du secteur 0, mais de toute la Cité de l'Acier. Un rapport de son chef immédiat, expédié à la fin du trimestre, portait cette mention formelle :

<< Schwartz (Johann), 26 ans, ouvrier fondeur de première classe. Je dois signaler ce sujet à l'administration centrale, comme tout à fait "hors ligne" sous le triple rapport des connaissances théoriques, de l'habileté pratique et de l'esprit d'invention le plus caractérisé. >>

Il fallut néanmoins une circonstance extraordinaire pour achever d'appeler sur Marcel l'attention de ses chefs. Cette circonstance ne manqua pas de se produire, comme il arrive toujours tôt ou tard : malheureusement, ce fut dans les conditions les plus tragiques.

Un dimanche matin, Marcel, assez étonné d'entendre sonner dix heures sans que son petit ami Carl eût paru, descendit demander à dame Bauer si elle savait la cause de ce retard. Il la trouva très inquiète. Carl aurait dû être au logis depuis deux heures au moins. Voyant son anxiété, Marcel s'offrit d'aller aux nouvelles, et partit dans la direction du puits Albrecht.

En route, il rencontra plusieurs mineurs, et ne manqua pas de leur demander s'ils avaient vu le petit garçon ; puis, après avoir reçu une réponse négative et avoir échangé avec eux ce *Glück auf !* (<< Bonne sortie ! >>) qui est le salut des houilleurs allemands, Marcel poursuivit sa promenade.

Il arriva ainsi vers onze heures au puits Albrecht. L'aspect n'en était pas tumultueux et animé comme il l'est dans la semaine. C'est à peine si une jeune << modiste >> - c'est le nom que les mineurs donnent gaiement et par antiphrase aux trieuses de charbon - , était en train de bavarder avec le marqueur, que son devoir retenait, même en ce jour férié, à la gueule du puits.

<< Avez-vous vu sortir le petit Carl Bauer, numéro 41902 ? >> demanda Marcel à ce fonctionnaire.

L'homme consulta sa liste et secoua la tête.

<< Est-ce qu'il y a une autre sortie de la mine ?

- Non, c'est la seule, répondit le marqueur. La "fendue", qui doit affleurer au nord, n'est pas encore achevée.

- Alors, le garçon est en bas ?

- Nécessairement, et c'est en effet extraordinaire, puisque, le dimanche, les cinq gardiens spéciaux doivent seuls y rester.

- Puis-je descendre pour m'informer ?...

- Pas sans permission.

- Il peut y avoir eu un accident, dit alors la modiste.

- Pas d'accident possible le dimanche !

- Mais enfin, reprit Marcel, il faut que je sache ce qu'est devenu cet enfant !

- Adressez-vous au contremaître de la machine, dans ce bureau... si toutefois il s'y trouve... >>

Le contremaître, en grand costume du dimanche, avec un col de chemise aussi raide que du fer-blanc, s'était heureusement attardé à ses comptes. En homme intelligent et humain, il partagea tout de suite l'inquiétude de Marcel.

<< Nous allons voir ce qu'il en est >>, dit-il.

Et, donnant l'ordre au mécanicien de service de se tenir prêt à filer du câble, il se disposa à descendre dans la mine avec le jeune ouvrier.

<< N'avez-vous pas des appareils Galibert ? demanda celui-ci. Ils pourraient devenir utiles...

- Vous avez raison. On ne sait jamais ce qui se passe au fond du trou. >>

Le contremaître prit dans une armoire deux réservoirs en zinc, pareils aux fontaines que les marchands de << coco >> portent à Paris sur le dos. Ce sont des caisses à air comprimé, mises en communication avec les lèvres par deux tubes de caoutchouc dont l'embouchure de corne se place entre les dents. On les remplit à l'aide de soufflets spéciaux, construits de manière à se vider complètement. Le nez serré dans une pince de bois, on peut ainsi, muni d'une provision d'air, pénétrer impunément dans l'atmosphère la plus irrespirable.

Les préparatifs achevés, le contremaître et Marcel s'accrochèrent à la benne, le câble fila sur les poulies et la descente commença. Eclairés par deux petites lampes électriques, tous deux causaient en s'enfonçant dans les profondeurs de la terre.

<< Pour un homme qui n'est pas de la partie vous n'avez pas froid aux yeux, disait le contremaître. J'ai vu des gens ne pas pouvoir se décider à descendre ou rester accroupis comme des lapins au fond de la benne !

- Vraiment ? répondit Marcel. Cela ne me fait rien du tout. Il est vrai que je suis descendu deux ou trois fois dans les houillères. >>

On fut bientôt au fond du puits. Un gardien, qui se trouvait au rond-point d'arrivée, n'avait point vu le petit Carl.

On se dirigea vers l'écurie. Les chevaux y étaient seuls et paraissaient même s'ennuyer de tout leur coeur. Telle est du moins la conclusion qu'il était permis de tirer du hennissement de bienvenue par lequel Blair-Athol salua ces trois figures humaines. A un clou était pendu le sac de toile de Carl, et dans un petit coin, à côté d'une étrille, son livre d'arithmétique.

Marcel fit aussitôt remarquer que sa lanterne n'était plus là, nouvelle preuve que l'enfant devait être dans la mine.

<< Il peut avoir été pris dans un éboulement, dit le contremaître, mais c'est peu probable ! Qu'aurait-il été faire dans les galeries d'exploitation, un dimanche ?

- Oh ! peut-être a-t-il été chercher des insectes avant de sortir ! répondit le gardien. C'est une vraie passion chez lui ! >>

Le garçon de l'écurie, qui arriva sur ces entrefaites, confirma cette supposition. Il avait vu Carl partir avant sept heures avec sa lanterne.

Il ne restait donc plus qu'à commencer des recherches régulières. On appela à coups de sifflet les autres gardiens, on se partagea la besogne sur un grand plan de la mine, et chacun, muni de sa lampe, commença l'exploration des galeries de second et de troisième ordre qui lui avaient été dévolues.

En deux heures, toutes les régions de la houillère avaient été passées en revue, et les sept hommes se retrouvaient au rond-point. Nulle part, il n'y avait la moindre trace d'éboulement, mais nulle part non plus la moindre trace de Carl. Le contremaître, peut-être influencé par un appétit grandissant, inclinait vers l'opinion que l'enfant pouvait avoir passé inaperçu et se trouver tout simplement à la maison ; mais Marcel, convaincu du contraire, insista pour faire de nouvelles recherches.

<< Qu'est-ce que cela ? dit-il en montrant sur le plan une région pointillée, qui ressemblait, au milieu de la précision des détails avoisinants, à ces *terrae ignotae* que les géographes marquent aux confins des continents arctiques.

- C'est la zone provisoirement abandonnée, à cause de l'amincissement de la couche exploitable, répondit le contremaître.

- Il y a une zone abandonnée ?... Alors c'est là qu'il faut chercher ! >> reprit Marcel avec une autorité que les autres hommes subirent.

Ils ne tardèrent pas à atteindre l'orifice de galeries qui devaient, en effet, à en juger par l'aspect gluant et moisi de leurs parois, avoir été délaissées depuis plusieurs années. Ils les suivaient déjà depuis quelque temps sans rien découvrir de suspect, lorsque Marcel, les arrêtant, leur dit :

<< Est-ce que vous ne vous sentez pas alourdis et pris de maux de tête ?

- Tiens ! c'est vrai ! répondirent ses compagnons.

- Pour moi, reprit Marcel, il y a un instant que je me sens à demi étourdi. Il y a sûrement ici de l'acide carbonique !... Voulez-vous me permettre d'enflammer une allumette ? demanda-t-il au contremaître.

- Allumez, mon garçon, ne vous gênez pas. >>

Marcel tira de sa poche une petite boîte de fumeur, frotta une allumette, et, se baissant, approcha de terre la petite flamme. Elle s'éteignit aussitôt.

<< J'en étais sûr... dit-il. Le gaz, étant plus lourd que l'air, se maintient au ras du sol... Il ne faut pas rester ici - je parle de ceux qui n'ont pas d'appareils Galibert. Si vous voulez, maître, nous poursuivrons seuls la recherche. >>

Les choses ainsi convenues, Marcel et le contremaître prirent chacun entre leurs dents l'embouchure de leur caisse à air, placèrent la pince sur leurs narines et s'enfoncèrent dans une succession de vieilles galeries.

Un quart d'heure plus tard, ils en ressortaient pour renouveler l'air des réservoirs ; puis, cette opération accomplie, ils repartaient.

A la troisième reprise, leurs efforts furent enfin couronnés de succès. Une petite lueur bleuâtre, celle d'une lampe électrique, se montra au loin dans l'ombre. Ils y coururent...

Au pied de la muraille humide, gisait, immobile et déjà froid, le pauvre petit Carl. Ses lèvres bleues, sa face injectée, son pouls muet, disaient, avec son attitude, ce qui s'était passé.

Il avait voulu ramasser quelque chose à terre, il s'était baissé et avait été littéralement noyé dans le gaz acide carbonique.

Tous les efforts furent inutiles pour le rappeler à la vie. La mort remontait déjà à quatre ou cinq heures. Le lendemain soir, il y avait une petite tombe de plus dans le cimetière neuf de Stahlstadt, et dame Bauer, la pauvre femme, était veuve de son enfant comme elle l'était de son mari.

VII   LE BLOC CENTRAL

Un rapport lumineux du docteur Echternach, médecin en chef de la section du puits Albrecht, avait établi que la mort de Carl Bauer, nÊ 41902, âgé de treize ans, << trappeur >> à la galerie 228, était due à l'asphyxie résultant de l'absorption par les organes respiratoires d'une forte proportion d'acide carbonique.

Un autre rapport non moins lumineux de l'ingénieur Maulesmulhe avait exposé la nécessité de comprendre dans un système d'aération la zone B du plan XIV, dont les galeries laissaient transpirer du gaz délétère par une sorte de distillation lente et insensible.

Enfin, une note du même fonctionnaire signalait à l'autorité compétente le dévouement du contremaître Rayer et du fondeur de première classe Johann Schwartz.

Huit à dix jours plus tard, le jeune ouvrier, en arrivant pour prendre son jeton de présence dans la loge du concierge, trouva au clou un ordre imprimé à son adresse :

<< Le nommé Schwartz se présentera aujourd'hui à dix heures au bureau du directeur général. Bloc central, porte et route A. Tenue d'extérieur. >>

<< Enfin !... pensa Marcel. Ils y ont mis le temps, mais ils y viennent ! >>

Il avait maintenant acquis, dans ses causeries avec ses camarades et dans ses promenades du dimanche autour de Stahlstadt, une connaissance de l'organisation générale de la cité suffisante pour savoir que l'autorisation de pénétrer dans le Bloc central ne courait pas les rues. De véritables légendes s'étaient répandues à cet égard. On disait que des indiscrets, ayant voulu s'introduire par surprise dans cette enceinte réservée, n'avaient plus reparu ; que les ouvriers et employés y étaient soumis, avant leur admission, à toute une série de cérémonies maçonniques, obligés de s'engager sous les serments les plus solennels à ne rien révéler de ce qui se passait, et impitoyablement punis de mort par un tribunal secret s'ils violaient leur serment... Un chemin de fer souterrain mettait ce sanctuaire en communication avec la ligne de ceinture... Des trains de nuit y amenaient des visiteurs inconnus... Il s'y tenait parfois des conseils suprêmes où des personnages mystérieux venaient s'asseoir et participer aux délibérations...

Sans ajouter plus de foi qu'il ne fallait à tous ces récits Marcel savait qu'ils étaient, en somme, l'expression populaire d'un fait parfaitement réel : l'extrême difficulté qu'il y avait à pénétrer dans la division centrale. De tous les ouvriers qu'il connaissait - et il avait des amis parmi les mineurs de fer comme parmi les charbonniers, parmi les affineurs comme parmi les employés des hauts fourneaux, parmi les brigadiers et les charpentiers comme parmi les forgerons -, pas un seul n'avait jamais franchi la porte A.

C'est donc avec un sentiment de curiosité profonde et de plaisir intime qu'il s'y présenta à l'heure indiquée. Il put bientôt s'assurer que les précautions étaient des plus sévères.

Et d'abord, Marcel était attendu. Deux hommes revêtus d'un uniforme gris, sabre au côté et revolver à la ceinture, se trouvaient dans la loge du concierge. Cette loge, comme celle de la soeur tourière d'un couvent cloîtré, avait deux portes, l'une à l'extérieur, l'autre intérieure, qui ne s'ouvraient jamais en même temps.

Le laissez-passer examiné et visé, Marcel se vit, sans manifester aucune surprise, présenter un mouchoir blanc, avec lequel les deux acolytes en uniforme lui bandèrent soigneusement les yeux.

Le prenant ensuite sous les bras, ils se mirent en marche avec lui sans mot dire.

Au bout de deux à trois mille pas, on monta un escalier, une porte s'ouvrit et se referma, et Marcel fut autorisé à retirer son bandeau.

Il se trouvait alors dans une salle très simple, meublée de quelques chaises, d'un tableau noir et d'une large planche à épures, garnie de tous les instruments nécessaires au dessin linéaire. Le jour venait par de hautes fenêtres à vitres dépolies.

Presque aussitôt, deux personnages de tournure universitaire entrèrent dans la salle.

<< Vous êtes signalé comme un sujet distingué, dit l'un d'eux. Nous allons vous examiner et voir s'il y a lieu de vous admettre à la division des modèles. Etes-vous disposé à répondre à nos questions ? >>

Marcel se déclara modestement prêt à l'épreuve.

Les deux examinateurs lui posèrent alors successivement des questions sur la chimie, sur la géométrie et sur l'algèbre. Le jeune ouvrier les satisfit en tous points par la clarté et la précision de ses réponses. Les figures qu'il traçait à la craie sur le tableau étaient nettes, aisées, élégantes. Ses équations s'alignaient menues et serrées, en rangs égaux comme les lignes d'un régiment d'élite. Une de ses démonstrations même fut si remarquable et si nouvelle pour ses juges, qu'ils lui en exprimèrent leur étonnement en lui demandant où il l'avait apprise.

<< A Schaffouse, mon pays, à l'école primaire.

- Vous paraissez bon dessinateur ?

- C'était ma meilleure partie.

- L'éducation qui se donne en Suisse est décidément bien remarquable ! dit l'un des examinateurs à l'autre... Nous allons vous laisser deux heures pour exécuter ce dessin, reprit-il, en remettant au candidat une coupe de machine à vapeur, assez compliquée. Si vous vous en acquittez bien, vous serez admis avec la mention : *Parfaitement satisfaisant et hors ligne...* >>

Marcel, resté seul, se mit à l'ouvrage avec ardeur.

Quand ses juges rentrèrent, à l'expiration du délai de rigueur, ils furent si émerveillés de son épure, qu'ils ajoutèrent à la mention promise : *Nous n'avons pas un autre dessinateur de talent égal.*

Le jeune ouvrier fut alors ressaisi par les acolytes gris, et, avec le même cérémonial, c'est-à-dire les yeux bandés, conduit au bureau du directeur général.

<< Vous êtes présenté pour l'un des ateliers de dessin à la division des modèles, lui dit ce personnage. Etes-vous disposé à vous soumettre aux conditions du règlement ?

- Je ne les connais pas, dit Marcel, mais je présume qu'elles sont acceptables.

- Les voici : 1° Vous êtes astreint, pour toute la durée de votre engagement, à résider dans la division même. Vous ne pouvez en sortir que sur autorisation spéciale et tout à fait exceptionnelle. - 2° Vous êtes soumis au régime militaire, et vous devez obéissance absolue, sous les peines militaires, à vos supérieurs. Par contre, vous êtes assimilé aux sous-officiers d'une armée active, et vous pouvez, par un avancement régulier, vous élever aux plus hauts grades. - 3° Vous vous engagez par serment à ne jamais révéler à personne ce que vous voyez dans la partie de la division où vous avez accès. - 4° Votre correspondance est ouverte par vos chefs hiérarchiques, à la sortie comme à la rentrée, et doit être limitée à votre famille. >>

<< Bref, je suis en prison >>, pensa Marcel.

Puis, il répondit très simplement :

<< Ces conditions me paraissent justes et je suis prêt à m'y soumettre.

- Bien. Levez la main... Prêtez serment... Vous êtes nommé dessinateur au 4e atelier... Un logement vous sera assigné, et, pour les repas, vous avez ici une cantine de premier ordre... Vous n'avez pas vos effets avec vous ?

- Non, monsieur. Ignorant ce qu'on me voulait, je les ai laissés chez mon hôtesse.

- On ira vous les chercher, car vous ne devez plus sortir de la division. >>

<< J'ai bien fait, pensa Marcel, d'écrire mes notes en langage chiffré ! On n'aurait eu qu'à les trouver !... >>

Avant la fin du jour, Marcel était établi dans une jolie chambrette, au quatrième étage d'un bâtiment ouvert sur une vaste cour, et il avait pu prendre une première idée de sa vie nouvelle.

Elle ne paraissait pas devoir être aussi triste qu'il l'aurait cru d'abord. Ses camarades - il fit leur connaissance au restaurant - étaient en général calmes et doux, comme tous les hommes de travail. Pour essayer de s'égayer un peu, car la gaieté manquait à cette vie automatique, plusieurs d'entre eux avaient formé un orchestre et faisaient tous les soirs d'assez bonne musique. Une bibliothèque, un salon de lecture offraient à l'esprit de précieuses ressources au point de vue scientifique, pendant les rares heures de loisir. Des cours spéciaux, faits par des professeurs de premier mérite, étaient obligatoires pour tous les employés, soumis en outre à des examens et à des concours fréquents. Mais la liberté, l'air manquaient dans cet étroit milieu. C'était le collège avec beaucoup de sévérités en plus et à l'usage d'hommes faits. L'atmosphère ambiante ne laissait donc pas de peser sur ces esprits, si façonnés qu'ils fussent à une discipline de fer.

L'hiver s'acheva dans ces travaux, auxquels Marcel s'était donné corps et âme. Son assiduité, la perfection de ses dessins, les progrès extraordinaires de son instruction, signalés unanimement par tous les maîtres et tous les examinateurs, lui avaient fait en peu de temps, au milieu de ces hommes laborieux, une célébrité relative. Du consentement général, il était le dessinateur le plus habile, le plus ingénieux, le plus fécond en ressources. Y avait-il une difficulté ? C'est à lui qu'on recourait. Les chefs eux-mêmes s'adressaient à son expérience avec le respect que le mérite arrache toujours à la jalousie la plus marquée. Mais si le jeune homme avait compté, en arrivant au coeur de la division des modèles, en pénétrer les secrets intimes, il était loin de compte.

Sa vie était enfermée dans une grille de fer de trois cents mètres de diamètre, qui entourait le segment du Bloc central auquel il était attaché. Intellectuellement, son activité pouvait et devait s'étendre aux branches les plus lointaines de l'industrie métallurgique. En pratique, elle était limitée à des dessins de machines à vapeur. Il en construisait de toutes dimensions et de toutes forces, pour toutes sortes d'industries et d'usages, pour des navires de guerre et pour des presses à imprimer ; mais il ne sortait pas de cette spécialité. La division du travail poussée à son extrême limite l'enserrait dans son étau.

Après quatre mois passés dans la section A, Marcel n'en savait pas plus sur l'ensemble des oeuvres de la Cité de l'Acier qu'avant d'y entrer. Tout au plus avait-il rassemblé quelques renseignements généraux sur l'organisation dont il n'était - malgré ses mérites - qu'un rouage presque infime. Il savait que le centre de la toile d'araignée figurée par Stahlstadt était la Tour du Taureau, sorte de construction cyclopéenne, qui dominait tous les bâtiments voisins. Il avait appris aussi, toujours par les récits légendaires de la cantine, que l'habitation personnelle de Herr Schultze se trouvait à la base de cette tour, et que le fameux cabinet secret en occupait le centre. On ajoutait que cette salle voûtée, garantie contre tout danger d'incendie et blindée intérieurement comme un monitor l'est à l'extérieur, était fermée par un système de portes d'acier à serrures mitrailleuses, dignes de la banque la plus soupçonneuse. L'opinion générale était d'ailleurs que Herr Schultze travaillait à l'achèvement d'un engin de guerre terrible, d'un effet sans précédent et destiné à assurer bientôt à l'Allemagne la domination universelle

Pour achever de percer le mystère, Marcel avait vainement roulé dans sa tête les plans les plus audacieux d'escalade et de déguisement. Il avait dû s'avouer qu'ils n'avaient rien de praticable. Ces lignes de murailles sombres et massives, éclairées la nuit par des flots de lumière, gardées par des sentinelles éprouvées, opposeraient toujours à ses efforts un obstacle infranchissable. Parvint-il même à les forcer sur un point, que verrait-il ? Des détails, toujours des détails ; Jamais un ensemble !

N'importe. Il s'était juré de ne pas céder ; il ne céderait pas. S'il fallait dix ans de stage, il attendrait dix ans. Mais l'heure sonnerait où ce secret deviendrait le sien ! Il le fallait. France-Ville prospérait alors, cité heureuse, dont les institutions bienfaisantes favorisaient tous et chacun en montrant un horizon nouveau aux peuples découragés Marcel ne doutait pas qu'en face d'un pareil succès de la race latine,. Schultze ne fût plus que jamais résolu à accomplir ses menaces. La Cité de l'Acier elle-même et les travaux qu'elle avait pour but en étaient une preuve.

Plusieurs mois s'écoulèrent ainsi.

Un jour, en mars, Marcel venait, pour la millième fois, de se renouveler à lui-même ce serment d'Annibal, lorsqu'un des acolytes gris l'informa que le directeur général avait à lui parler.

<< Je reçois de Herr Schultze, lui dit ce haut fonctionnaire, l'ordre de lui envoyer notre meilleur dessinateur. C'est vous. Veuillez faire vos paquets pour passer au cercle interne. Vous êtes promu au grade de lieutenant. >>

Ainsi, au moment même où il désespérait presque du succès, l'effet logique et naturel d'un travail héroïque lui procurait cette admission tant désirée ! Marcel en fut si pénétré de joie, qu'il ne put contenir l'expression de ce sentiment sur sa physionomie.

<< Je suis heureux d'avoir à vous annoncer une si bonne nouvelle, reprit le directeur, et je ne puis que vous engager a persister dans la voie que vous suivez si courageusement. L'avenir le plus brillant vous est offert. Allez, monsieur. >>

Enfin, Marcel, après une si longue épreuve, entrevoyait le but qu'il s'était juré d'atteindre !

Entasser dans sa valise tous ses vêtements, suivre les hommes gris, franchir enfin cette dernière enceinte dont l'entrée unique, ouverte sur la route A, aurait pu si longtemps encore lui rester interdite, tout cela fut l'affaire de quelques minutes pour Marcel.

Il était au pied de cette inaccessible Tour du Taureau dont il n'avait encore aperçu que la tête sourcilleuse perdue au loin dans les nuages.

Le spectacle qui s'étendait devant lui était assurément des plus imprévus. Qu'on imagine un homme transporté subitement, sans transition, du milieu d'un atelier européen, bruyant et banal, au fond d'une forêt vierge de la zone torride. Telle était la surprise qui attendait Marcel au centre de Stahlstadt.

Encore une forêt vierge gagne-t-elle beaucoup a être vu à travers les descriptions des grands écrivains, tandis que le parc de Herr Schultze était le mieux peigné des Jardins d'agrément. Les palmiers les plus élancés, les bananiers les plus touffus, les cactus les plus obèses en formaient les massifs. Des lianes s'enroulaient élégamment aux grêles eucalyptus, se drapaient en festons verts ou retombaient en chevelures opulentes. Les plantes grasses les plus invraisemblables fleurissaient en pleine terre. Les ananas et les goyaves mûrissaient auprès des oranges. Les colibris et les oiseaux de paradis étalaient en plein air les richesses de leur plumage. Enfin, la température même était aussi tropicale que la végétation.

Marcel cherchait des yeux les vitrages et les calorifères qui produisaient ce miracle, et, étonné de ne voir que le ciel bleu, il resta un instant stupéfait.

Puis, il se rappela qu'il y avait non loin de là une houillère en combustion permanente, et il comprit que Herr Schultze avait ingénieusement utilisé ces trésors de chaleur souterraine pour se faire servir par des tuyaux métalliques une température constante de serre chaude.

Mais cette explication, que se donna la raison du jeune Alsacien, n'empêcha pas ses yeux d'être éblouis et charmés du vert des pelouses, et ses narines d'aspirer avec ravissement les arômes qui emplissaient l'atmosphère. Après six mois passés sans voir un brin d'herbe, il prenait sa revanche. Une allée sablée le conduisit par une pente insensible au pied d'un beau degré de marbre, dominé par une majestueuse colonnade. En arrière se dressait la masse énorme d'un grand bâtiment carré qui était comme le piédestal de la Tour du Taureau. Sous le péristyle, Marcel aperçut sept à huit valets en livrée rouge, un suisse à tricorne et hallebarde ; il remarqua entre les colonnes de riches candélabres de bronze, et, comme il montait le degré, un léger grondement lui révéla que le chemin de fer souterrain passait sous ses pieds.

Marcel se nomma et fut aussitôt admis dans un vestibule qui était un véritable musée de sculpture. Sans avoir le temps de s'y arrêter, il traversa un salon rouge et or, puis un salon noir et or, et arriva à un salon jaune et or où le valet de pied le laissa seul cinq minutes. Enfin, il fut introduit dans un splendide cabinet de travail vert et or.

Herr Schultze en personne, fumant une longue pipe de terre à côté d'une chope de bière, faisait au milieu de ce luxe l'effet d'une tache de boue sur une botte vernie.

Sans se lever, sans même tourner la tête, le Roi de l'Acier dit froidement et simplement :

<< Vous êtes le dessinateur

- Oui, monsieur.

- J'ai vu de vos épures. Elles sont très bien. Mais vous ne savez donc faire que des machines à vapeur ?

- On ne m'a jamais demandé autre chose.

- Connaissez-vous un peu la partie de la balistique ?

- Je l'ai étudiée à mes moments perdus et pour mon plaisir. >>

Cette réponse alla au coeur de Herr Schultze. Il daigna regarder alors son employé.

<< Ainsi, vous vous chargez de dessiner un canon avec moi ?... Nous verrons un peu comment vous vous en tirerez !... Ah ! vous aurez de la peine à remplacer cet imbécile de Sohne, qui s'est tué ce matin en maniant un sachet de dynamite !... L'animal aurait pu nous faire sauter tous ! >>

Il faut bien l'avouer ; ce manque d'égards ne semblait pas trop révoltant dans la bouche de Herr Schultze !

VIII   LA CAVERNE DU DRAGON

Le lecteur qui a suivi les progrès de la fortune du jeune Alsacien ne sera probablement pas surpris de le trouver parfaitement établi, au bout de quelques semaines, dans la familiarité de Herr Schultze. Tous deux étaient devenus inséparables. Travaux, repas, promenades dans le parc, longues pipes fumées sur des mooss de bière - ils prenaient tout en commun. Jamais l'ex-professeur d'Iéna n'avait rencontré un collaborateur qui fût aussi bien selon son coeur, qui le comprît pour ainsi dire à demi-mot, qui sût utiliser aussi rapidement ses données théoriques.

Marcel n'était pas seulement d'un mérite transcendant dans toutes les branches du métier, c'était aussi le plus charmant compagnon, le travailleur le plus assidu, l'inventeur le plus modestement fécond.

Herr Schultze était ravi de lui. Dix fois par jour, il se disait in petto :

<< Quelle trouvaille ! Quelle perle que ce garçon ! >> La vérité est que Marcel avait pénétré du premier coup d'oeil le caractère de son terrible patron. Il avait vu que sa faculté maîtresse était un égoïsme immense, omnivore, manifesté au-dehors par une vanité féroce, et il s'était religieusement attaché à régler là-dessus sa conduite de tous les instants.

En peu de jours, le jeune Alsacien avait si bien appris le doigté spécial de ce clavier, qu'il était arrivé à jouer du Schultze comme on joue du piano. Sa tactique consistait simplement à montrer autant que possible son propre mérite, mais de manière à laisser toujours à l'autre une occasion de rétablir sa supériorité sur lui. Par exemple, achevait-il un dessin, il le faisait parfait - moins un défaut facile à voir comme à corriger, et que l'ex-professeur signalait aussitôt avec exaltation.

Avait-il une idée théorique, il cherchait à la faire naître dans la conversation, de telle sorte que Herr Schultze pût croire l'avoir trouvée. Quelquefois même il allait plus loin, disant par exemple :

<< J'ai tracé le plan de ce navire à éperon détachable, que vous m'avez demandé.

- Moi ? répondait Herr Schultze, qui n'avait jamais songé à pareille chose.

- Mais oui ! Vous l'avez donc oublié ?... Un éperon détachable, laissant dans le flanc de l'ennemi une torpille en fuseau, qui éclate après un intervalle de trois minutes !

- Je n'en avais plus aucun souvenir. J'ai tant d'idées en tête ! >>

Et Herr Schultze empochait consciencieusement la paternité de la nouvelle invention.

Peut-être, après tout, n'était-il qu'à demi dupe de cette manoeuvre. Au fond, il est probable qu'il sentait Marcel plus fort que lui. Mais, par une de ces mystérieuses fermentations qui s'opèrent dans les cervelles humaines, il en arrivait aisément à se contenter de << paraître >> supérieur, et surtout de faire illusion à son subordonné.

<< Est-il bête, avec tout son esprit, ce mâtin-là ! >> se disait il parfois en découvrant silencieusement dans un rire muet les trente-deux << dominos >> de sa mâchoire.

D'ailleurs, sa vanité avait bientôt trouvé une échelle de compensation. Lui seul au monde pouvait réaliser ces sortes de rêves industriels !... Ces rêves n'avaient de valeur que par lui et pour lui !... Marcel, au bout du compte, n'était qu'un des rouages de l'organisme que lui, Schultze, avait su créer, etc.

Avec tout cela, il ne se déboutonnait pas, comme on dit. Après cinq mois de séjour à la Tour du Taureau, Marcel n'en savait pas beaucoup plus sur les mystères du Bloc central. A la vérité, ses soupçons étaient devenus des quasi-certitudes. Il était de plus en plus convaincu que Stahlstadt recelait un secret, et que Herr Schultze avait encore un bien autre but que celui du gain. La nature de ses préoccupations, celle de son industrie même rendaient infiniment vraisemblable l'hypothèse qu'il avait inventé quelque nouvel engin de guerre.

Mais le mot de l'énigme restait toujours obscur.

Marcel en était bientôt venu à se dire qu'il ne l'obtiendrait pas sans une crise. Ne la voyant pas venir, il se décida à la provoquer.

C'était un soir, le 5 septembre, à la fin du dîner. Un an auparavant, jour pour jour, il avait retrouvé dans le puits Albrecht le cadavre de son petit ami Carl. Au loin, l'hiver si long et si rude de cette Suisse américaine couvrait encore toute la campagne de son manteau blanc. Mais, dans le parc de Stahlstadt, la température était aussi tiède qu'en juin, et la neige, fondue avant de toucher le sol, se déposait en rosée au lieu de tomber en flocons.

<< Ces saucisses à la choucroute étaient délicieuses, n'est-ce pas ? fit remarquer Herr Schultze, que les millions de la Bégum n'avaient pas lassé de son mets favori.

- Délicieuses >>, répondit Marcel, qui en mangeait héroïquement tous les soirs, quoiqu'il eût fini par avoir ce plat en horreur.

Les révoltes de son estomac achevèrent de le décider à tenter l'épreuve qu'il méditait.

<< Je me demande même, comment les peuples qui n'ont ni saucisses, ni choucroute, ni bière, peuvent tolérer l'existence ! reprit Herr Schultze avec un soupir.

- La vie doit être pour eux un long supplice, répondit Marcel. Ce sera véritablement faire preuve d'humanité que de les réunir au Vaterland.

-Eh ! eh !... cela viendra... cela viendra ! s'écria le Roi de l'Acier. Nous voici déjà installés au coeur de l'Amérique. Laissez-nous prendre une île ou deux aux environs du Japon, et vous verrez quelles enjambées nous saurons faire autour du globe ! >>

Le valet de pied avait apporté les pipes. Herr Schultze bourra la sienne et l'alluma. Marcel avait choisi avec préméditation ce moment quotidien de complète béatitude.

<< Je dois dire, ajouta-t-il après un instant de silence, que je ne crois pas beaucoup à cette conquête !

- Quelle conquête ? demanda Herr Schultze, qui n'était déjà plus au sujet de la conversation.

- La conquête du monde par les Allemands. >>

L'ex-professeur pensa qu'il avait mal entendu.

<< Vous ne croyez pas à la conquête du monde par les Allemands ?

- Non.

- Ah ! par exemple, voilà qui est fort !... Et je serais curieux de connaître les motifs de ce doute !

- Tout simplement parce que les artilleurs français finiront par faire mieux et par vous enfoncer. Les Suisses, mes compatriotes, qui les connaissent bien, ont pour idée fixe qu'un Français averti en vaut deux. 1870 est une leçon qui se retournera contre ceux qui l'ont donnée. Personne n'en doute dans mon petit pays, monsieur, et, s'il faut tout vous dire, c'est l'opinion des hommes les plus forts en Angleterre. >>

Marcel avait proféré ces mots d'un ton froid, sec et tranchant, qui doubla, s'il est possible, l'effet qu'un tel blasphème, lancé de but en blanc, devait produire sur le Roi de l'Acier.

Herr Schultze en resta suffoqué, hagard, anéanti. Le sang lui monta à la face avec une telle violence, que le jeune homme craignit d'être allé trop loin. Voyant toutefois que sa victime, après avoir failli étouffer de rage, n'en mourait pas sur le coup, il reprit :

<< Oui, c'est fâcheux à constater, mais c'est ainsi. Si nos rivaux ne font plus de bruit, ils font de la besogne. Croyez-vous donc qu'ils n'ont rien appris depuis la guerre ? Tandis que nous en sommes bêtement à augmenter le poids de nos canons, tenez pour certain qu'ils préparent du nouveau et que nous nous en apercevrons à la première occasion !

- Du nouveau ! du nouveau ! balbutia Herr Schultze. Nous en faisons aussi, monsieur !

- Ah ! oui, parlons-en ! Nous refaisons en acier ce que nos prédécesseurs ont fait en bronze, voilà tout ! Nous doublons les proportions et la portée de nos pièces !

- Doublons !... riposta Herr Schultze d'un ton qui signifiait : En vérité ! nous faisons mieux que doubler !

- Mais au fond, reprit Marcel, nous ne sommes que des plagiaires. Tenez, voulez-vous que je vous dise la vérité ? La faculté d'invention nous manque. Nous ne trouvons rien, et les Français trouvent, eux, soyez-en sûr ! >>

Herr Schultze avait repris un peu de calme apparent. Toutefois, le tremblement de ses lèvres, la pâleur qui avait succédé à la rougeur apoplectique de sa face montraient assez les sentiments qui l'agitaient.

Fallait-il en arriver à ce degré d'humiliation ? S'appeler Schultze, être le maître absolu de la plus grande usine et de la première fonderie de canons du monde entier, voir à ses pieds les rois et les parlements, et s'entendre dire par un petit dessinateur suisse qu'on manque d'invention, qu'on est au-dessous d'un artilleur français !... Et cela quand on avait près de soi, derrière l'épaisseur d'un mur blindé, de quoi confondre mille fois ce drôle impudent, lui fermer la bouche, anéantir ses sots arguments ? Non, il n'était pas possible d'endurer un pareil supplice !

Herr Schultze se leva d'un mouvement si brusque, qu'il en cassa sa pipe. Puis, regardant Marcel d'un oeil chargé d'ironie, et, serrant les dents, il lui dit, ou plutôt il siffla ces mots :

<< Suivez-moi, monsieur, je vais vous montrer si moi, Herr Schultze, je manque d'invention ! >>

Marcel avait joué gros jeu, mais il avait gagné, grâce à la surprise produite par un langage si audacieux et si inattendu, grâce à la violence du dépit qu'il avait provoqué, la vanité étant plus forte chez l'ex-professeur que la prudence. Schultze avait soif de dévoiler son secret, et, comme malgré lui, pénétrant dans son cabinet de travail, dont il referma la porte avec soin, il marcha droit à sa bibliothèque et en toucha un des panneaux. Aussitôt, une ouverture, masquée par des rangées de livres, apparut dans la muraille. C'était l'entrée d'un passage étroit qui conduisait, par un escalier de pierre, jusqu'au pied même de la Tour du Taureau.

Là, une porte de chêne fut ouverte à l'aide d'une petite clef qui ne quittait jamais le patron du lieu. Une seconde porte apparut, fermée par un cadenas syllabique, du genre de ceux qui servent pour les coffres-forts. Herr Schultze forma le mot et ouvrit le lourd battant de fer, qui était intérieurement armé d'un appareil compliqué d'engins explosibles, que Marcel, sans doute par curiosité professionnelle, aurait bien voulu examiner. Mais son guide ne lui en laissa pas le temps.

Tous deux se trouvaient alors devant une troisième porte, sans serrure apparente, qui s'ouvrit sur une simple poussée, opérée, bien entendu, selon des règles déterminées.

Ce triple retranchement franchi, Herr Schultze et son compagnon eurent à gravir les deux cents marches d'un escalier de fer, et ils arrivèrent au sommet de la Tour du Taureau, qui dominait toute la cité de Stahlstadt.

Sur cette tour de granit, dont la solidité était à toute épreuve, s'arrondissait une sorte de casemate, percée de plusieurs embrasures. Au centre de la casemate s'allongeait un canon d'acier.

<< Voilà ! >> dit le professeur, qui n'avait pas soufflé mot depuis le trajet.

C'était la plus grosse pièce de siège que Marcel eût jamais vue. Elle devait peser au moins trois cent mille kilogrammes, et se chargeait par la culasse. Le diamètre de sa bouche mesurait un mètre et demi. Montée sur un affût d'acier et roulant sur des rubans de même métal, elle aurait pu être manoeuvrée par un enfant, tant les mouvements en étaient rendus faciles par un système de roues dentées. Un ressort compensateur, établi en arrière de l'affût, avait pour effet d'annuler le recul ou du moins de produire une réaction rigoureusement égale, et de replacer automatiquement la pièce, après chaque coup, dans sa position première.

<< Et quelle est la puissance de perforation de cette pièce ? demanda Marcel, qui ne put se retenir d'admirer un pareil engin.

- A vingt mille mètres, avec un projectile plein, nous perçons une plaque de quarante pouces aussi aisément que si c'était une tartine de beurre !

- Quelle est donc sa portée ?

- Sa portée ! s'écria Schultze, qui s'enthousiasmait Ah ! vous disiez tout à l'heure que notre génie imitateur n'avait rien obtenu de plus que de doubler la portée des canons actuels ! Eh bien, avec ce canon-là, je me charge d'envoyer, avec une précision suffisante, un projectile à la distance de dix lieues !

- Dix lieues ! s'écria Marcel. Dix lieues ! Quelle poudre nouvelle employez-vous donc ?

- Oh ! je puis tout vous dire, maintenant ! répondit Herr Schultze d'un ton singulier. Il n'y a plus d'inconvénient à vous dévoiler mes secrets ! La poudre à gros grains a fait son temps. Celle dont je me sers est le fulmicoton, dont la puissance expansive est quatre fois supérieure à celle de la poudre ordinaire, puissance que je quintuple encore en y mêlant les huit dixièmes de son poids de nitrate de potasse !

- Mais, fit observer Marcel, aucune pièce, même faite du meilleur acier, ne pourra résister à la déflagration de ce pyroxyle ! Votre canon, après trois, quatre, cinq coups, sera détérioré et mis hors d'usage !

- Ne tirât-il qu'un coup, un seul, ce coup suffirait !

- Il coûterait cher !

- Un million, puisque c'est le prix de revient de la pièce !

- Un coup d'un million !...

- Qu'importe, s'il peut détruire un milliard !

- Un milliard ! >> s'écria Marcel.

Cependant, il se contint pour ne pas laisser éclater l'horreur mêlée d'admiration que lui inspirait ce prodigieux agent de destruction. Puis, il ajouta :

<< C'est assurément une étonnante et merveilleuse pièce d'artillerie, mais qui, malgré tous ses mérites, justifie absolument ma thèse : des perfectionnements, de l'imitation, pas d'invention !

- Pas d'invention ! répondit Herr Schultze en haussant les épaules. Je vous répète que je n'ai plus de secrets pour vous ! Venez donc ! >>

Le Roi de l'Acier et son compagnon, quittant alors la casemate, redescendirent à l'étage inférieur, qui était mis en communication avec la plate-forme par des monte-charge hydrauliques. Là se voyaient une certaine quantité d'objets allongés, de forme cylindrique, qui auraient pu être pris à distance pour d'autres canons démontés. << Voilà nos obus >>, dit Herr Schultze.

Cette fois, Marcel fut obligé de reconnaître que ces engins ne ressemblaient à rien de ce qu'il connaissait. C'étaient d'énormes tubes de deux mètres de long et d'un mètre dix de diamètre, revêtus extérieurement d'une chemise de plomb propre à se mouler sur les rayures de la pièce, fermés à l'arrière par une plaque d'acier boulonnée et à l'avant par une pointe d'acier ogivale, munie d'un bouton de percussion.

Quelle était la nature spéciale de ces obus ? C'est ce que rien dans leur aspect ne pouvait indiquer. On pressentait seulement qu'ils devaient contenir dans leurs flancs quelque explosion terrible, dépassant tout ce qu'on avait jamais fait ans ce genre.

<< Vous ne devinez pas ? demanda Herr Schultze, voyant Marcel rester silencieux.

- Ma foi non, monsieur ! Pourquoi un obus si long et si lourd, - au moins en apparence ?

- L'apparence est trompeuse, répondit Herr Schultze, et le poids ne diffère pas sensiblement de ce qu'il serait pour un obus ordinaire de même calibre... Allons, il faut tout vous dire ! . . Obus-fusée de verre, revêtu de bois de chêne, chargé, à soixante-douze atmosphères de pression intérieure acide carbonique liquide. La chute détermine l'explosion de l'enveloppe et le retour du liquide à l'état gazeux. Conséquence : un froid d'environ cent degrés au-dessous de zéro dans toute la zone avoisinante, en même temps mélange d'un énorme volume de gaz acide carbonique à l'air ambiant. Tout être vivant qui se trouve dans un rayon de trente mètres du centre d'explosion est en même temps congelé et asphyxié. Je dis trente mètres pour prendre une base de calcul, mais l'action s'étend vraisemblablement beaucoup plus loin, peut-être à cent et deux cents mètres de rayon ! Circonstance plus avantageuse encore, le gaz acide carbonique restant très longtemps dans les couches inférieures de l'atmosphère, en raison de son poids qui est supérieur à celui de l'air, la zone dangereuse conserve ses propriétés septiques plusieurs heures après l'explosion, et tout être qui tente d'y pénétrer périt infailliblement. C'est un coup de canon à effet à la fois instantané et durable !... Aussi, avec mon système pas de blessés, rien que des morts ! >>

Herr Schultze éprouvait un plaisir manifeste à développer les mérites de son invention. Sa bonne humeur était venue, il était rouge d'orgueil et montrait toutes ses dents.

<< Voyez-vous d'ici, ajouta-t-il, un nombre suffisant de mes bouches à feu braquées sur une ville assiégée ! Supposons une pièce pour un hectare de surface, soit, pour une ville de mille hectares, cent batteries de dix pièces convenablement établies. Supposons ensuite toutes nos pièces en position, chacune avec son tir réglé, une atmosphère calme et favorable, enfin le signal général donné par un fil électrique... En une minute, il ne restera pas un être vivant sur une superficie de mille hectares ! Un véritable océan d'acide carbonique aura submergé la ville ! C'est pourtant une idée qui m'est venue l'an dernier en lisant le rapport médical sur la mort accidentelle d'un petit mineur du puits Albrecht ! J'en avais bien eu la première inspiration à Naples, lorsque je visitai la grotte du Chien [La grotte du Chien, aux environs de Naples, emprunte son nom à la propriété curieuse que possède son atmosphère d'asphyxier un chien ou un quadrupède quelconque bas sur jambes, sans faire de mal à un homme debout, - propriété due à une couche de gaz acide carbonique de soixante centimètres environ que son poids spécifique maintient au ras de terre.]. Mais il a fallu ce dernier fait pour donner à ma pensée l'essor définitif. Vous saisissez bien le principe, n'est-ce pas ? Un océan artificiel d'acide carbonique pur ! Or, une proportion d'un cinquième de ce gaz suffit à rendre l'air irrespirable. >>

Marcel ne disait pas un mot. Il était véritablement réduit au silence. Herr Schultze sentit si vivement son triomphe, qu'il ne voulut pas en abuser.

<< Il n'y a qu'un détail qui m'ennuie, dit-il.

- Lequel donc ? demanda Marcel.

- C'est que je n'ai pas réussi à supprimer le bruit de l'explosion. Cela donne trop d'analogie à mon coup de canon avec le coup du canon vulgaire. Pensez un peu à ce que ce serait, si j'arrivais à obtenir un tir silencieux ! Cette mort subite, arrivant sans bruit à cent mille hommes à la fois, par une nuit calme et sereine ! >>

L'idéal enchanteur qu'il évoquait rendit Herr Schultze tout rêveur, et peut-être sa rêverie, qui n'était qu'une immersion profonde dans un bain d'amour-propre, se fut-elle longtemps prolongée, si Marcel ne l'eût interrompue par cette observation :

<< Très bien, monsieur, très bien ! mais mille canons de ce genre c'est du temps et de l'argent.

- L'argent ? Nous en regorgeons ! Le temps ?... Le temps est à nous ! >>

Et, en vérité, ce Germain, le dernier de son école, croyait ce qu'il disait !

« Soit, répondit Marcel. Votre obus, chargé d'acide carbonique, n'est pas absolument nouveau, puisqu'il dérive des projectiles asphyxiants, connus depuis bien des années ; mais il peut être éminemment destructeur, je n'en disconviens pas. Seulement...

- Seulement ?...

- Il est relativement léger pour son volume, et si celui-là va jamais à dix lieues !...

- Il n'est fait que pour aller à deux lieues, répondit Herr Schultze en souriant. Mais, ajouta-t-il en montrant un autre obus, voici un projectile en fonte. Il est plein, celui-là et contient cent petits canons symétriquement disposés encastrés les uns dans les autres comme les tubes d'une lunette, et qui, après avoir été lancés comme projectiles redeviennent canons, pour vomir à leur tour de petits obus chargés de matières incendiaires. C'est comme une batterie que je lance dans l'espace et qui peut porter l'incendie et la mort sur toute une ville en la couvrant d'une averse de feux inextinguibles ! Il a le poids voulu pour franchir les dix lieues dont j'ai parlé ! Et, avant peu, l'expérience en sera faite de telle manière, que les incrédules pourront toucher du doigt cent mille cadavres qu'il aura couchés à terre ! »

Les dominos brillaient à ce moment d'un si insupportable éclat dans la bouche de Herr Schultze, que Marcel eut la plus violente envie d'en briser une douzaine. Il eut pourtant la force de se contenir encore. Il n'était pas au bout de ce qu'il devait entendre.

En effet, Herr Schultze reprit :

« Je vous ai dit qu'avant peu, une expérience décisive serait tentée !

- Comment ? Où ?... s'écria Marcel.

- Comment ? Avec un de ces obus, qui franchira la chaîne des Cascade-Mounts, lancé par mon canon de la plate-forme !... Où ? Sur une cité dont dix lieues au plus nous séparent, qui ne peut s'attendre à ce coup de tonnerre, et qui s'y attendît-elle, n'en pourrait parer les foudroyants résultats ! Nous sommes au 5 septembre !... Eh bien, le 13 à onze heures quarante-cinq minutes du soir, France-Ville disparaîtra du sol américain ! L'incendie de Sodome aura eu son pendant ! Le professeur Schultze aura déchaîné tous les feux du ciel à son tour ! »

Cette fois, à cette déclaration inattendue, tout le sang de Marcel lui reflua au coeur ! Heureusement, Herr Schultze ne vit rien de ce qui se passait en lui.

« Voilà ! reprit-il du ton le plus dégagé. Nous faisons ici le contraire de ce que font les inventeurs de France-Ville ! Nous cherchons le secret d'abréger la vie des hommes tandis qu'ils cherchent, eux, le moyen de l'augmenter. Mais leur oeuvre est condamnée, et c'est de la mort, semée par nous, que doit naître la vie. Cependant, tout a son but dans la nature, et le docteur Sarrasin, en fondant une ville isolée, a mis sans s'en douter à ma portée le plus magnifique champ d'expériences. >>

Marcel ne pouvait croire à ce qu'il venait d'entendre.

<< Mais, dit-il, d'une voix dont le tremblement involontaire parut attirer un instant l'attention du Roi de l'Acier, les habitants de France-Ville ne vous ont rien fait, monsieur ! Vous n'avez, que je sache, aucune raison de leur chercher querelle ?

- Mon cher, répondit Herr Schultze, il y a dans votre cerveau, bien organisé sous d'autres rapports, un fonds d'idées celtiques qui vous nuiraient beaucoup, si vous deviez vivre longtemps ! Le droit, le bien, le mal, sont choses purement relatives et toutes de convention. Il n'y a d'absolu que les grandes lois naturelles. La loi de concurrence vitale l'est au même titre que celle de la gravitation. Vouloir s'y soustraire, c'est chose insensée ; s'y ranger et agir dans le sens qu'elle nous indique, c'est chose raisonnable et sage, et voilà pourquoi je détruirai la cité du docteur Sarrasin. Grâce à mon canon, mes cinquante mille Allemands viendront facilement à bout des cent mille rêveurs qui constituent là-bas un groupe condamné à périr. >>

Marcel, comprenant l'inutilité de vouloir raisonner avec Herr Schultze, ne chercha plus à le ramener.

Tous deux quittèrent alors la chambre des obus, dont les portes à secret furent refermées, et ils redescendirent à la salle à manger.

De l'air le plus naturel du monde, Herr Schultze reporta son mooss de bière à sa bouche, toucha un timbre, se fit donner une autre pipe pour remplacer celle qu'il avait cassée, et s'adressant au valet de pied :

<< Arminius et Sigimer sont-ils là ? demanda-t-il.

- Oui, monsieur.

- Dites-leur de se tenir à portée de ma voix. >>

Lorsque le domestique eut quitté la salle à manger, le Roi de l'Acier, se tournant vers Marcel, le regarda bien en face.

Celui-ci ne baissa pas les yeux devant ce regard qui avait pris une dureté métallique.

<< Réellement, dit-il, vous exécuterez ce projet ?

- Réellement. Je connais, à un dixième de seconde près en longitude et en latitude, la situation de France-Ville, et le 13 septembre, à onze heures quarante-cinq du soir, elle aura vécu.

- Peut-être auriez-vous dû tenir ce plan absolument secret !

- Mon cher, répondit Herr Schultze, décidément vous ne serez jamais logique. Ceci me fait moins regretter que vous deviez mourir jeune. >>

Marcel, sur ces derniers mots, s'était levé.

<< Comment n'avez-vous pas compris, ajouta froidement Herr Schultze, que je ne parle jamais de mes projets que devant ceux qui ne pourront plus les redire ? >>

Le timbre résonna. Arminius et Sigimer, deux géants, apparurent à la porte de la salle.

<< Vous avez voulu connaître mon secret, dit Herr Schultze, vous le connaissez !... Il ne vous reste plus qu'à mourir. >>

Marcel ne répondit pas.

<< Vous êtes trop intelligent, reprit Herr Schultze, pour supposer que je puisse vous laisser vivre, maintenant que vous savez à quoi vous en tenir sur mes projets. Ce serait une légèreté impardonnable, ce serait illogique. La grandeur de mon but me défend d'en compromettre le succès pour une considération d'une valeur relative aussi minime que la vie d'un homme, - même d'un homme tel que vous, mon cher, dont j'estime tout particulièrement la bonne organisation cérébrale. Aussi, je regrette véritablement qu'un petit mouvement d'amour-propre m'ait entraîné trop loin et me mette à présent dans la nécessité de vous supprimer. Mais, vous devez le comprendre, en face des intérêts auxquels je me suis consacré, il n'y a plus de question de sentiment. Je puis bien vous le dire, c'est d'avoir pénétré mon secret que votre prédécesseur Sohne est mort, et non pas par l'explosion d'un sachet de dynamite !... La règle est absolue, il faut qu'elle soit inflexible ! Je n'y puis rien changer. >>

Marcel regardait Herr Schultze. Il comprit, au son de sa voix, à l'entêtement bestial de cette tête chauve, qu'il était perdu. Aussi ne se donna-t-il même pas la peine de protester.

<< Quand mourrai-je et de quelle mort ? demanda-t-il.

- Ne vous inquiétez pas de ce détail, répondit tranquillement Herr Schultze. Vous mourrez, mais la souffrance vous sera épargnée. Un matin, vous ne vous réveillerez pas. Voilà tout. >>

Sur un signe du Roi de l'Acier, Marcel se vit emmené et consigné dans sa chambre, dont la porte fut gardée par les deux géants.

Mais, lorsqu'il se retrouva seul, il songea, en frémissant d'angoisse et de colère, au docteur, à tous les siens, à tous ses compatriotes, à tous ceux qu'il aimait !

<< La mort qui m'attend n'est rien, se dit-il. Mais le danger qui les menace, comment le conjurer ! >>

IX   << P.P.C. >>

La situation, en effet, était excessivement grave. Que pouvait faire Marcel, dont les heures d'existence étaient maintenant comptées, et qui voyait peut-être arriver sa dernière nuit avec le coucher du soleil ?

Il ne dormit pas un instant - non par crainte de ne plus se réveiller, ainsi que l'avait dit Herr Schultze - , mais parce que sa pensée ne parvenait pas à quitter France-Ville, sous le coup de cette imminente catastrophe !

<< Que tenter ? se répétait-il. Détruire ce canon ? Faire sauter la tour qui le porte ? Et comment le pourrais-je ? Fuir ! fuir, lorsque ma chambre est gardée par ces deux colosses ! Et puis, quand je parviendrais, avant cette date du 13 septembre, à quitter Stahlstadt, comment empêcherais-je ?... Mais si ! A défaut de notre chère cité, je pourrais au moins sauver ses habitants, arriver jusqu'à eux, leur crier : "Fuyez sans retard ! Vous êtes menacés de périr par le feu, par le fer ! Fuyez tous !" >>

Puis, les idées de Marcel se jetaient dans un autre courant.

<< Ce misérable Schultze ! pensait-il. En admettant même qu'il ait exagéré les effets destructeurs de son obus, et qu'il ne puisse couvrir de ce feu inextinguible la ville tout entière il est certain qu'il peut d'un seul coup en incendier une partie considérable ! C'est un engin effroyable qu'il a imaginé là, et, malgré la distance qui sépare les deux villes, ce formidable canon saura bien y envoyer son projectile ! Une vitesse initiale vingt fois supérieure à la vitesse obtenue jusqu' ici ! Quelque chose comme dix mille mètres, deux lieues et demie à la seconde ! Mais c'est presque le tiers de la vitesse de translation de la terre sur son orbite ! Est-ce donc possible ?... Oui, oui !... si son canon n'éclate pas au premier coup !... Et il n'éclatera pas, car il est fait d'un métal dont la résistance à l'éclatement est presque infinie ! Le coquin connaît très exactement la situation de France-Ville Sans sortir de son antre, il pointera son canon avec une précision mathématique, et, comme il l'a dit, l'obus ira tomber sur le centre même de la cité ! Comment en prévenir les infortunés habitants ! >>

Marcel n'avait pas fermé l'oeil, quand le jour reparut. Il quitta alors le lit sur lequel il s'était vainement étendu pendant toute cette insomnie fiévreuse.

<< Allons, se dit-il, ce sera pour la nuit prochaine ! Ce bourreau, qui veut bien m'épargner la souffrance, attendra sans doute que le sommeil, l'emportant sur l'inquiétude, se soit emparé de moi ! Et alors !... Mais quelle mort me réserve-t-il donc ? Songe-t-il à me tuer avec quelque inhalation d'acide prussique pendant que je dormirai ? Introduira-t-il dans ma chambre de ce gaz acide carbonique qu'il a à discrétion ? N'emploiera-t-il pas plutôt ce gaz à l'état liquide tel qu'il le met dans ses obus de verre, et dont le subit retour à l'état gazeux déterminera un froid de cent degrés ! Et le lendemain, à la place de "moi", de ce corps vigoureux bien constitué, plein de vie, on ne retrouverait plus qu'une momie desséchée, glacée, racornie !... Ah ! le misérable ! Eh bien, que mon coeur se sèche, s'il le faut, que ma vie se refroidisse dans cette insoutenable température, mais que mes amis, que le docteur Sarrasin, sa famille, Jeanne, ma petite Jeanne, soient sauvés ! Or, pour cela, il faut que je fuie... Donc, je fuirai ! >>

En prononçant ce dernier mot, Marcel, par un mouvement instinctif, bien qu'il dût se croire renfermé dans sa chambre, avait mis la main sur la serrure de la porte.

A son extrême surprise, la porte s'ouvrit, et il put descendre, comme d'habitude, dans le jardin où il avait coutume de se promener.

<< Ah ! fit-il, je suis prisonnier dans le Bloc central, mais je ne le suis pas dans ma chambre ! C'est déjà quelque chose ! >> Seulement, à peine Marcel fut-il dehors, qu'il vit bien que, quoique libre en apparence, il ne pourrait plus faire un pas sans être escorté des deux personnages qui répondaient aux noms historiques, ou plutôt préhistoriques, d'Arminius et de Sigimer.

Il s'était déjà demandé plus d'une fois, en les rencontrant sur son passage, quelle pouvait bien être la fonction de ces deux colosses en casaque grise, au cou de taureau, aux biceps herculéens, aux faces rouges embroussaillées de moustaches épaisses et de favoris buissonnants !

Leur fonction, il la connaissait maintenant. C'étaient les exécuteurs des hautes oeuvres de Herr Schultze, et provisoirement ses gardes du corps personnels.

Ces deux géants le tenaient à vue, couchaient à la porte de sa chambre, emboîtaient le pas derrière lui s'il sortait dans le parc. Un formidable armement de revolvers et de poignards, ajouté à leur uniforme, accentuait encore cette surveillance.

Avec cela, muets comme des poissons. Marcel ayant voulu, dans un but diplomatique, lier conversation avec eux, n'avait obtenu en réponse que des regards féroces. Même l'offre d'un verre de bière, qu'il avait quelque raison de croire irrésistible, était restée infructueuse. Après quinze heures d'observation, il ne leur connaissait qu'un vice - un seul - , la pipe, qu'ils prenaient la liberté de fumer sur ses talons. Cet unique vice, Marcel pourrait-il l'exploiter au profit de son propre salut ? Il ne le savait pas, il ne pouvait encore l'imaginer, mais il s'était juré à lui-même de fuir, et rien ne devait être négligé de ce qui pouvait amener son évasion. Or, cela pressait. Seulement, comment s'y prendre ?

Au moindre signe de révolte ou de fuite, Marcel était sûr de recevoir deux balles dans la tête. En admettant qu'il fût manqué, il se trouvait au centre même d'une triple ligne fortifiée, bordée d'un triple rang de sentinelles.

Selon son habitude, l'ancien élève de l'Ecole centrale s'était correctement posé le problème en mathématicien.

<< Soit un homme gardé à vue par des gaillards sans scrupules, individuellement plus forts que lui, et de plus armés jusque aux dents. Il s'agit d'abord, pour cet homme, d'échapper à la vigilance de ses argousins. Ce premier point acquis il lui reste à sortir d'une place forte dont tous les abords sont rigoureusement surveillés... >>

Cent fois, Marcel rumina cette double question et cent fois il se buta à une impossibilité.

Enfin, l'extrême gravité de la situation donna-t-elle à ses facultés d invention le coup de fouet suprême ? Le hasard décida-t-il seul de la trouvaille ? Ce serait difficile à dire.

Toujours est-il que, le lendemain, pendant que Marcel se promenait dans le parc, ses yeux s'arrêtèrent, au bord d'un parterre, sur un arbuste dont l'aspect le frappa.

C'était une plante de triste mine, herbacée, à feuilles alternes, ovales, aiguës et géminées, avec de grandes fleurs rouges en forme de clochettes monopétales et soutenues par un pédoncule axillaire.

Marcel, qui n'avait jamais fait de botanique qu'en amateur, crut pourtant reconnaître dans cet arbuste la physionomie caractéristique de la famille des solanacées. A tout hasard, il en cueillit une petite feuille et la mâcha légèrement en poursuivant sa promenade.

Il ne s'était pas trompé. Un alourdissement de tous ses membres, accompagné d'un commencement de nausées l'avertit bientôt qu'il avait sous la main un laboratoire naturel de belladone, c'est-à-dire du plus actif des narcotiques.

Toujours flânant, il arriva jusqu'au petit lac artificiel qui s'étendait vers le sud du parc pour aller alimenter, à l'une de ses extrémités, une cascade assez servilement copiée sur celle du bois de Boulogne.

<< Où donc se dégage l'eau de cette cascade ? >> se demanda Marcel.

C'était d'abord dans le lit d'une petite rivière, qui, après avoir décrit une douzaine de courbes, disparaissait sur la limite du parc.

Il devait donc se trouver là un déversoir, et, selon toute apparence, la rivière s'échappait en l'emplissant à travers un des canaux souterrains qui allaient arroser la plaine en dehors de Stahlstadt.

Marcel entrevit là une porte de sortie. Ce n'était pas une porte cochère évidemment, mais c'était une porte.

<< Et si le canal était barré par des grilles de fer ! objecta tout d'abord la voix de la prudence.

- Qui ne risque rien n'a rien ! Les limes n'ont pas été inventées pour roder les bouchons, et il y en a d'excellentes dans le laboratoire ! >> répliqua une autre voix ironique, celle qui dicte les résolutions hardies.

En deux minutes, la décision de Marcel fut prise. Une idée - ce qu'on appelle une idée ! - lui était venue, idée irréalisable, peut-être, mais qu'il tenterait de réaliser, si la mort ne le surprenait pas auparavant.

Il revint alors sans affectation vers l'arbuste à fleurs rouges, il en détacha deux ou trois feuilles, de telle sorte que ses gardiens ne pussent manquer de le voir.

Puis, une fois rentré dans sa chambre, il fit, toujours ostensiblement, sécher ces feuilles devant le feu, les roula dans ses mains pour les écraser, et les mêla à son tabac.

Pendant les six jours qui suivirent, Marcel, à son extrême surprise, se réveilla chaque matin. Herr Schultze, qu'il ne voyait plus, qu'il ne rencontrait jamais pendant ses promenades, avait-il donc renoncé à ce projet de se défaire de lui ? Non, sans doute, pas plus qu'au projet de détruire la ville du docteur Sarrasin.

Marcel profita donc de la permission qui lui était laissée de vivre, et, chaque jour, il renouvela sa manoeuvre. Il prenait soin, bien entendu, de ne pas fumer de belladone, et, à cet effet, il avait deux paquets de tabac, l'un pour son usage personnel, l'autre pour sa manipulation quotidienne. Son but était simplement d'éveiller la curiosité d'Arminius et de Sigimer. En fumeurs endurcis qu'ils étaient, ces deux brutes devaient bientôt en venir à remarquer l'arbuste dont il cueillait les feuilles, à imiter son opération et à essayer du goût que ce mélange communiquait au tabac.

Le calcul était juste, et le résultat prévu se produisit pour ainsi dire mécaniquement.

Dès le sixième jour - c'était la veille du fatal 13 septembre - , Marcel, en regardant derrière lui du coin de l'oeil, sans avoir l'air d'y songer, eut la satisfaction de voir ses gardiens faire leur petite provision de feuilles vertes.

Une heure plus tard, il s'assura qu'ils les faisaient sécher à la chaleur du feu, les roulaient dans leurs grosses mains calleuses, les mêlaient à leur tabac. Ils semblaient même se pourlécher les lèvres à l'avance !

Marcel se proposait-il donc seulement d'endormir Arminius et Sigimer ? Non. Ce n'était pas assez d'échapper à leur surveillance. Il fallait encore trouver la possibilité de passer par le canal, à travers la masse d'eau qui s'y déversait, même si ce canal mesurait plusieurs kilomètres de long. Or, ce moyen, Marcel l'avait imaginé. Il avait, il est vrai, neuf chances sur dix de périr, mais le sacrifice de sa vie, déjà condamnée, était fait depuis longtemps.

Le soir arriva, et, avec le soir, l'heure du souper, puis l'heure de la dernière promenade. L'inséparable trio prit le chemin du parc.

Sans hésiter, sans perdre une minute, Marcel se dirigea délibérément vers un bâtiment élevé dans un massif, et qui n'était autre que l'atelier des modèles. Il choisit un banc écarté, bourra sa pipe et se mit à la fumer.

Aussitôt, Arminius et Sigimer, qui tenaient leurs pipes toutes prêtes, s'installèrent sur le banc voisin et commencèrent à aspirer des bouffées énormes.

L'effet du narcotique ne se fit pas attendre.

Cinq minutes ne s'étaient pas écoulées, que les deux lourds Teutons bâillaient et s'étiraient à l'envi comme des ours en cage. Un nuage voila leurs yeux ; leurs oreilles bourdonnèrent ; leurs faces passèrent du rouge clair au rouge cerise ; leurs bras tombèrent inertes ; leurs têtes se renversèrent sur le dossier du banc.

Les pipes roulèrent à terre.

Finalement, deux ronflements sonores vinrent se mêler en cadence au gazouillement des oiseaux, qu'un été perpétuel retenait au parc de Stahlstadt.

Marcel n'attendait que ce moment. Avec quelle impatience, on le comprendra, puisque, le lendemain soir, à onze heures quarante-cinq, France-Ville, condamnée par Herr Schultze, aurait cessé d'exister.

Marcel s'était précipité dans l'atelier des modèles. Cette vaste salle renfermait tout un musée. Réductions de machines hydrauliques, locomotives, machines à vapeur, locomobiles, pompes d'épuisement, turbines, perforatrices, machines marines, coques de navire, il y avait là pour plusieurs millions de chefs-d'oeuvre. C'étaient les modèles en bois de tout ce qu'avait fabriqué l'usine Schultze depuis sa fondation, et l'on peut croire que les gabarits de canons, de torpilles ou d'obus, n'y manquaient pas.

La nuit était noire, conséquemment propice au projet hardi que le jeune Alsacien comptait mettre à exécution. En même temps qu'il allait préparer son suprême plan d'évasion, il voulait anéantir le musée des modèles de Stahlstadt. Ah ! s'il avait aussi pu détruire, avec la casemate et le canon qu'elle abritait, l'énorme et indestructible Tour du Taureau ! Mais il n'y fallait pas songer.

Le premier soin de Marcel fut de prendre une petite scie d'acier, propre à scier le fer, qui était pendue à un des râteliers d'outils, et de la glisser dans sa poche. Puis, frottant une allumette qu'il tira de sa boîte, sans que sa main hésitât un instant, il porta la flamme dans un coin de la salle où étaient entassés des cartons d'épures et de légers modèles en bois de sapin.

Puis, il sortit.

Un instant après, l'incendie, alimenté par toutes ces matières combustibles, projetait d'intenses flammes à travers les fenêtres de la salle. Aussitôt, la cloche d'alarme sonnait, un courant mettait en mouvement les carillons électriques des divers quartiers de Stahlstadt, et les pompiers, traînant leurs engins à vapeur, accouraient de toutes parts.

Au même moment, apparaissait Herr Schultze, dont la présence était bien faite pour encourager tous ces travailleurs.

En quelques minutes, les chaudières à vapeur avaient été mises en pression, et les puissantes pompes fonctionnaient avec rapidité. C'était un déluge d'eau qu'elles déversaient sur les murs et jusque sur les toits du musée des modèles. Mais le feu, plus fort que cette eau, qui, pour ainsi dire, se vaporisait à son contact au lieu de l'éteindre, eut bientôt attaqué toutes les parties de l'édifice à la fois. En cinq minutes, il avait acquis une intensité telle, que l'on devait renoncer à tout espoir de s'en rendre maître. Le spectacle de cet incendie était grandiose et terrible.

Marcel, blotti dans un coin, ne perdait pas de vue Herr Schultze, qui poussait ses hommes comme à l'assaut d'une ville. Il n'y avait pas, d'ailleurs, à faire la part du feu. Le musée des modèles était isolé dans le parc, et il était maintenant certain qu'il serait consumé tout entier.

A ce moment, Herr Schultze, voyant qu'on ne pourrait rien préserver du bâtiment lui-même, fit entendre ces mots jetés d'une voix éclatante :

<< Dix mille dollars à qui sauvera le modèle nÊ 3175, enfermé sous la vitrine du centre ! >>

Ce modèle était précisément le gabarit du fameux canon perfectionné par Schultze, et plus précieux pour lui qu'aucun des autres objets enfermés dans le musée.

Mais, pour sauver ce modèle, il s'agissait de se jeter sous une pluie de feu, à travers une atmosphère de fumée noire qui devait être irrespirable. Sur dix chances, il y en avait neuf d'y rester ! Aussi, malgré l'appât des dix mille dollars, personne ne répondait à l'appel de Herr Schultze.

Un homme se présenta alors.

C'était Marcel.

<< J'irai, dit-il.

- Vous ! s'écria Herr Schultze.

- Moi !

- Cela ne vous sauvera pas, sachez-le, de la sentence de mort prononcée contre vous !

- Je n'ai pas la prétention de m'y soustraire, mais d'arracher à la destruction ce précieux modèle !

- Va donc, répondit Herr Schultze, et je te jure que, si tu réussis, les dix mille dollars seront fidèlement remis à tes héritiers.

- J'y compte bien >>, répondit Marcel.

On avait apporté plusieurs de ces appareils Galibert, toujours préparés en cas d'incendie, et qui permettent de pénétrer dans les milieux irrespirables. Marcel en avait déjà fait usage, lorsqu'il avait tenté d'arracher à la mort le petit Carl, l'enfant de dame Bauer.

Un de ces appareils, chargé d'air sous une pression de plusieurs atmosphères, fut aussitôt placé sur son dos. La pince fixée à son nez, l'embouchure des tuyaux à sa bouche, il s'élança dans la fumée.

<< Enfin ! se dit-il. J'ai pour un quart d'heure d'air dans le réservoir !... Dieu veuille que cela me suffise ! >>

On l'imagine aisément, Marcel ne songeait en aucune façon à sauver le gabarit du canon Schultze. Il ne fit que traverser, au péril de sa vie, la salle emplie de fumée, sous une averse de brandons ignescents, de poutres calcinées, qui, par miracle, ne l'atteignirent pas, et, au moment où le toit s'effondrait au milieu d'un feu d'artifice d'étincelles, que le vent emportait jusqu'aux nuages, il s'échappait par une porte opposée qui s'ouvrait sur le parc.

Courir vers la petite rivière, en descendre la berge jusqu'au déversoir inconnu qui l'entraînait au-dehors de Stahlstadt, s'y plonger sans hésitation, ce fut pour Marcel l'affaire de quelques secondes.

Un rapide courant le poussa alors dans une masse d'eau qui mesurait sept à huit pieds de profondeur. Il n'avait pas besoin de s'orienter, car le courant le conduisait comme s'il eût tenu un fil d'Ariane. Il s'aperçut presque aussitôt qu'il était entré dans un étroit canal, sorte de boyau, que le trop-plein de la rivière emplissait tout entier.

<< Quelle est la longueur de ce boyau ? se demanda Marcel. Tout est là ! Si je ne l'ai pas franchi en un quart d'heure, l'air me manquera, et je suis perdu ! >>

Marcel avait conservé tout son sang-froid. Depuis dix minutes, le courant le poussait ainsi, quand il se heurta à un obstacle.

C'était une grille de fer, montée sur gonds, qui fermait le canal.

<< Je devais le craindre ! >> se dit simplement Marcel.

Et, sans perdre une seconde, il tira la scie de sa poche, et commença à scier le pêne à l'affleurement de la gâche.

Cinq minutes de travail n'avaient pas encore détaché ce pêne. La grille restait obstinément fermée. Déjà Marcel ne respirait plus qu'avec une difficulté extrême. L'air, très raréfié dans le réservoir, ne lui arrivait qu'en une insuffisante quantité. Des bourdonnements aux oreilles, le sang aux yeux, la congestion le prenant à la tête, tout indiquait qu'une imminente asphyxie allait le foudroyer ! Il résistait, cependant, il retenait sa respiration afin de consommer le moins possible de cet oxygène que ses poumons étaient impropres à dégager de ce milieu !... mais le pêne ne cédait pas, quoique largement entamé !

A ce moment, la scie lui échappa.

<< Dieu ne peut être contre moi ! >> pensa-t-il.

Et, secouant la grille à deux mains, il le fit avec cette vigueur que donne le suprême instinct de la conservation.

La grille s'ouvrit. Le pêne était brisé, et le courant emporta l'infortuné Marcel, presque entièrement suffoqué, et qui s'épuisait à aspirer les dernières molécules d'air du réservoir !

....

Le lendemain, lorsque les gens de Herr Schultze pénétrèrent dans l'édifice entièrement dévoré par l'incendie, ils ne trouvèrent ni parmi les débris, ni dans les cendres chaudes, rien qui restât d'un être humain. Il était donc certain que le courageux ouvrier avait été victime de son dévouement. Cela n'étonnait pas ceux qui l'avaient connu dans les ateliers de l'usine.

Le modèle si précieux n'avait donc pas pu être sauvé, mais l'homme qui possédait les secrets du Roi de l'Acier était mort.

<< Le Ciel m'est témoin que je voulais lui épargner la souffrance, se dit tout bonnement Herr Schultze ! En tout cas c'est une économie de dix mille dollars ! >>

Et ce fut toute l'oraison funèbre du jeune Alsacien !

X   UN ARTICLE DE L'*UNSERE CENTURIE*, REVUE ALLEMANDE

Un mois avant l'époque à laquelle se passaient les événements qui ont été racontés ci-dessus, une revue à couverture saumon, intitulée *Unsere Centurie* (Notre Siècle), publiait l'article suivant au sujet de France-Ville, article qui fut particulièrement goûté par les délicats de l'Empire germanique, peut-être parce qu'il ne prétendait étudier cette cité qu'à un point de vue exclusivement matériel.

<< Nous avons déjà entretenu nos lecteurs du phénomène extraordinaire qui s'est produit sur la côte occidentale des Etats-Unis. La grande république américaine, grâce à la proportion considérable d'émigrants que renferme sa population, a de longue date habitué le monde à une succession de surprises. Mais la dernière et la plus singulière est véritablement celle d'une cité appelée France-Ville, dont l'idée même n'existait pas il y a cinq ans, aujourd'hui florissante et subitement arrivée au plus haut degré de prospérité.

<< Cette merveilleuse cité s'est élevée comme par enchantement sur la rive embaumée du Pacifique. Nous n'examinerons pas si, comme on l'assure, le plan primitif et l'idée première de cette entreprise appartiennent à un Français, le docteur Sarrasin. La chose est possible, étant donné que ce médecin peut se targuer d'une parenté éloignée avec notre illustre Roi de l'Acier. Même, soit dit en passant, on ajoute que la captation d'un héritage considérable, qui revenait légitimement à Herr Schultze, n'a pas été étrangère à la fondation de France-Ville. Partout où il se fait quelque bien dans le monde, on peut être certain de trouver une semence germanique ; c'est une vérité que nous sommes fiers de constater à l'occasion. Mais, quoi qu'il en soit, nous devons à nos lecteurs des détails précis et authentiques sur cette végétation spontanée d'une cité modèle.

<< Qu'on n'en cherche pas le nom sur la carte. Même le grand atlas en trois cent soixante-dix-huit volumes in-folio de notre éminent Tuchtigmann, où sont indiqués avec une exactitude rigoureuse tous les buissons et bouquets d'arbres de l'Ancien et du Nouveau Monde, même ce monument généreux de la science géographique appliquée à l'art du tirailleur, ne porte pas encore la moindre trace de France- Ville. A la place où s'élève maintenant la cité nouvelle s'étendait

encore, il y a cinq ans, une lande déserte. C'est le point exact indiqué sur la carte par le 43e degré 11' 3" de latitude nord, et le 124e degré 41' 17" de longitude à l'ouest de Greenwich. Il se trouve, comme on voit, au bord de l'océan Pacifique et au pied de la chaîne secondaire des montagnes Rocheuses qui a reçu le nom de Monts-des-Cascades, à vingt lieues au nord du cap Blanc, Etat d'Oregon, Amérique septentrionale.

<< L'emplacement le plus avantageux avait été recherché avec soin et choisi entre un grand nombre d'autres sites favorables. Parmi les raisons qui en ont déterminé l'adoption, on fait valoir spécialement sa latitude tempérée dans l'hémisphère Nord, qui a toujours été à la tête de la civilisation terrestre - sa position au milieu d'une république fédérative et dans un Etat encore nouveau, qui lui a permis de se faire garantir provisoirement son indépendance et des droits analogues à ceux que possède en Europe la principauté de Monaco, sous la condition de rentrer après un certain nombre d'années dans l'Union ; - sa situation sur l'Océan, qui devient de plus en plus la grande route du globe ; - la nature accidentée, fertile et éminemment salubre du sol ; - la proximité d'une chaîne de montagnes qui arrête à la fois les vents du nord, du midi et de l'est, en laissant à la brise du Pacifique le soin de renouveler l'atmosphère de la cité, - la possession d'une petite rivière dont l'eau fraîche, douce légère, oxygénée par des chutes répétées et par la rapidité de son cours, arrive parfaitement pure à la mer ; - enfin, un port naturel très aisé à développer par des jetées et formé par un long promontoire recourbé en crochet.

<< On indique seulement quelques avantages secondaires : proximité de belles carrières de marbre et de pierre, gisements de kaolin, voire même des traces de pépites aurifères. En fait, ce détail a manqué faire abandonner le territoire ; les fondateurs de la ville craignaient que la fièvre de 1'or vînt se mettre à la traverse de leurs projets. Mais, par bonheur, les pépites étaient petites et rares.

<< Le choix du territoire, quoique déterminé seulement par des études sérieuses et approfondies, n'avait d'ailleurs pris que peu de jours et n'avait pas nécessité d'expédition spéciale. La science du globe est maintenant assez avancée pour qu'on puisse, sans sortir de son cabinet, obtenir sur les régions les plus lointaines des renseignements exacts et précis.

<< Ce point décidé, deux commissaires du comité d'organisation ont pris à Liverpool le premier paquebot en partance, sont arrivés en onze jours à New York, et sept jours plus tard à San Francisco, où ils ont mobilisé un steamer, qui les déposait en dix heures au site désigné.

<< S'entendre avec la législature d'Oregon, obtenir une concession de terre allongée du bord de la mer à la crête des Cascade-Mounts, sur une largeur de quatre lieues, désintéresser, avec quelques milliers de dollars, une demi-douzaine de planteurs qui avaient sur ces terres des droits réels ou supposés, tout cela n'a pas pris plus d'un mois.

« En janvier 1872, le territoire était déjà reconnu, mesuré, jalonné, sondé, et une armée de vingt mille coolies chinois, sous la direction de cinq cents contremaîtres et ingénieurs européens, était à l'oeuvre. Des affiches placardées dans tout l'Etat de Californie, un wagon-annonce ajouté en permanence au train rapide qui part tous les matins de San Francisco pour traverser le continent américain, et une réclame quotidienne dans les vingt-trois journaux de cette ville, avaient suffi pour assurer le recrutement des travailleurs. Il avait même été inutile d'adopter le procédé de publicité en grand, par voie de lettres gigantesques sculptées sur les pics des montagnes Rocheuses, qu'une compagnie était venue offrir à prix réduits. Il faut dire aussi que l'affluence des coolies chinois dans l'Amérique occidentale jetait à ce moment une perturbation grave sur le marché des salaires. Plusieurs Etats avaient dû recourir, pour protéger les moyens d'existence de leurs propres habitants et pour empêcher des violences sanglantes, à une expulsion en masse de ces malheureux. La fondation de France-Ville vint à point pour les empêcher de périr. Leur rémunération uniforme fut fixée à un dollar par jour, qui ne devait leur être payé qu'après l'achèvement des travaux, et à des vivres en nature distribués par l'administration municipale. On évita ainsi le désordre et les spéculations éhontées qui déshonorent trop souvent ces grands déplacements de population. Le produit des travaux était déposé toutes les semaines, en présence des délégués, à la grande Banque de San Francisco, et chaque coolie devait s'engager, en le touchant, à ne plus revenir. Précaution indispensable pour se débarrasser d'une population jaune, qui n'aurait pas manqué de modifier d'une manière assez fâcheuse le type et le génie de la Cité nouvelle. Les fondateurs s'étant d'ailleurs réservé le droit d'accorder ou de refuser le permis de séjour, l'application de la mesure a été relativement aisée.

« La première grande entreprise a été l'établissement d'un embranchement ferré, reliant le territoire de la ville nouvelle au tronc du Pacific-Railroad et tombant à la ville de Sacramento. On eut soin d'éviter tous les bouleversements de terres ou tranchées profondes qui auraient pu exercer sur la salubrité une influence fâcheuse. Ces travaux et ceux du port furent poussés avec une activité extraordinaire. Dès le mois d'avril, le premier train direct de New York amenait en gare de France-Ville les membres du comité, jusqu'à ce jour restés en Europe.

« Dans cet intervalle, les plans généraux de la ville, le détail des habitations et des monuments publics avaient été arrêtés.

« Ce n'étaient pas les matériaux qui manquaient : dès les premières nouvelles du projet, l'industrie américaine s'était empressée d'inonder les quais de France-Ville de tous les éléments imaginables de construction. Les fondateurs n'avaient que l'embarras du choix. Ils décidèrent que la pierre de taille serait réservée pour les édifices nationaux et pour l'ornementation générale, tandis que les maisons seraient faites de briques. Non pas, bien entendu, de ces briques grossièrement moulées avec un gâteau de terre plus ou moins bien cuit, mais de briques légères, parfaitement régulières de forme, de poids et de densité, transpercées dans le sens de leur longueur d'une série de trous cylindriques et parallèles. Ces trous, assemblés bout à bout, devaient former dans l'épaisseur de tous les murs des conduits ouverts à leurs deux extrémités, et permettre ainsi à l'air de circuler librement dans l'enveloppe extérieure des maisons, comme dans les cloisons internes.[Ces prescriptions, aussi bien que l'idée générale du Bien-Etre, sont empruntées au savant docteur Benjamin Ward Richardson, membre de la Société royale de Londres.] Cette disposition avait en même temps le précieux avantage d'amortir les sons et de procurer à chaque appartement une indépendance complète.

<< Le comité ne prétendait pas d'ailleurs imposer aux constructeurs un type de maison. Il était plutôt l'adversaire de cette uniformité fatigante et insipide ; il s'était contenté de poser un certain nombre de règles fixes, auxquelles les architectes étaient tenus de se plier :

<< 1° Chaque maison sera isolée dans un lot de terrain planté d'arbres, de gazon et de fleurs. Elle sera affectée à une seule famille.

<< 2° Aucune maison n'aura plus de deux étages ; l'air et la lumière ne doivent pas être accaparés par les uns au détriment des autres.

<< 3° Toutes les maisons seront en façade à dix mètres en arrière de la rue, dont elles seront séparées par une grille à hauteur d'appui. L'intervalle entre la grille et la façade sera aménagé en parterre.

<< 4° Les murs seront faits de briques tubulaires brevetées, conformes au modèle. Toute liberté est laissée aux architectes pour l'ornementation.

<< 5° Les toits seront en terrasses, légèrement inclinés dans les quatre sens, couverts de bitume, bordés d'une galerie assez haute pour rendre les accidents impossibles, et soigneusement canalisés pour l'écoulement immédiat des eaux de pluie.

<< 6° Toutes les maisons seront bâties sur une voûte de fondations, ouverte de tous côtés, et formant sous le premier plan d'habitation un sous-sol d'aération en même temps qu'une halle. Les conduits à eau et les décharges y seront à découvert, appliqués au pilier central de la voûte, de telle sorte qu'il soit toujours aisé d'en vérifier l'état, et, en cas d'incendie, d'avoir immédiatement l'eau nécessaire. L'aire de cette halle, élevée de cinq à six centimètres au-dessus du niveau de la rue, sera proprement sablée. Une porte et un escalier spécial la mettront en communication directe avec les cuisines ou offices, et toutes les transactions ménagères pourront s'opérer là sans blesser la vue ou l'odorat.

<< 7° Les cuisines, offices ou dépendances seront, contrairement à l'usage ordinaire, placés à l'étage supérieur et en communication avec la terrasse, qui en deviendra ainsi la large annexe en plein air. Un élévateur, mû par une force mécanique, qui sera, comme la lumière artificielle et l'eau, mise à prix réduit à la disposition des habitants, permettra aisément le transport de tous les fardeaux à cet étage.

« 8° Le plan des appartements est laissé à la fantaisie individuelle. Mais deux dangereux éléments de maladie, véritables nids à miasmes et laboratoires de poisons, en sont impitoyablement proscrits : les tapis et les papiers peints. Les parquets, artistement construits de bois précieux assemblés en mosaïques par d'habiles ébénistes, auraient tout à perdre à se cacher sous des lainages d'une propreté douteuse. Quant aux murs, revêtus de briques vernies, ils présentent aux yeux l'éclat et la variété des appartements intérieurs de Pompéi, avec un luxe de couleurs et de durée que le papier peint, chargé de ses mille poisons subtils, n'a jamais pu atteindre. On les lave comme on lave les glaces et les vitres, comme on frotte les parquets et les plafonds. Pas un germe morbide ne peut s'y mettre en embuscade.

« 9° Chaque chambre à coucher est distincte du cabinet de toilette. On ne saurait trop recommander de faire de cette pièce, où se passe un tiers de la vie, la plus vaste, la plus aérée et en même temps la plus simple. Elle ne doit servir qu'au sommeil : quatre chaises, un lit en fer, muni d'un sommier à jours et d'un matelas de laine fréquemment battu, sont les seuls meubles nécessaires. Les édredons, couvre-pieds piqués et autres, alliés puissants des maladies épidémiques, en sont naturellement exclus. De bonnes couvertures de laine, légères et chaudes, faciles à blanchir, suffisent amplement à les remplacer. Sans proscrire formellement les rideaux et les draperies, on doit conseiller du moins de les choisir parmi les étoffes susceptibles de fréquents lavages.

« 10° Chaque pièce a sa cheminée chauffée, selon les goûts, au feu de bois ou de houille, mais à toute cheminée correspond une bouche d'appel d'air extérieur. Quant à la fumée, au lieu d'être expulsée par les toits, elle s'engage à travers des conduits souterrains qui l'appellent dans des fourneaux spéciaux, établis, aux frais de la ville, en arrière des maisons, à raison d'un fourneau pour deux cents habitants. Là, elle est dépouillée des particules de carbone qu'elle emporte, et déchargée à l'état incolore, à une hauteur de trente-cinq mètres, dans l'atmosphère.

« Telles sont les dix règles fixes, imposées pour la construction de chaque habitation particulière.

« Les dispositions générales ne sont pas moins soigneusement étudiées.

« Et d'abord le plan de la ville est essentiellement simple et régulier, de manière à pouvoir se prêter à tous les développements. Les rues, croisées à angles droits, sont tracées à distances égales, de largeur uniforme, plantées d'arbres et désignées par des numéros d'ordre.

« De demi-kilomètre en demi-kilomètre, la rue, plus large d'un tiers, prend le nom de boulevard ou avenue, et présente sur un de ses côtés une tranchée à découvert pour les tramways et chemins de fer métropolitains. A tous les carrefours, un jardin public est réservé et orné de belles copies des chefs-d'oeuvre de la sculpture, en attendant que les artistes de France-Ville aient produit des morceaux originaux dignes de les remplacer.

<< Toutes les industries et tous les commerces sont libres.

<< Pour obtenir le droit de résidence à France-Ville, il suffit, mais il est nécessaire de donner de bonnes références, d'être apte à exercer une profession utile ou libérale, dans l'industrie, les sciences ou les arts, de s'engager à observer les lois de la ville. Les existences oisives n'y seraient pas tolérées.

<< Les édifices publics sont déjà en grand nombre. Les plus importants sont la cathédrale, un certain nombre de chapelles, les musées, les bibliothèques, les écoles et les gymnases, aménagés avec un luxe et une entente des convenances hygiéniques véritablement dignes d'une grande cité.

<< Inutile de dire que les enfants sont astreints dès l'âge de quatre ans à suivre les exercices intellectuels et physiques, qui peuvent seuls développer leurs forces cérébrales et musculaires. On les habitue tous à une propreté si rigoureuse, qu'ils considèrent une tache sur leurs simples habits comme un déshonneur véritable.

<< Cette question de la propreté individuelle et collective est du reste la préoccupation capitale des fondateurs de France-Ville. Nettoyer, nettoyer sans cesse, détruire et annuler aussitôt qu'ils sont formés les miasmes qui émanent constamment d'une agglomération humaine, telle est l'oeuvre principale du gouvernement central. A cet effet, les produits des égouts sont centralisés hors de la ville, traités par des procédés qui en permettent la condensation et le transport quotidien dans les campagnes.

<< L'eau coule partout à flots. Les rues, pavées de bois bitumé, et les trottoirs de pierre sont aussi brillants que le carreau d'une cour hollandaise. Les marchés alimentaires sont l'objet d'une surveillance incessante, et des peines sévères sont appliquées aux négociants qui osent spéculer sur la santé publique. Un marchand qui vend un oeuf gâté, une viande avariée, un litre de lait sophistiqué, est tout simplement traité comme un empoisonneur qu'il est. Cette police sanitaire, si nécessaire et si délicate, est confiée à des hommes expérimentés, à de véritables spécialistes, élevés à cet effet dans les écoles normales.

<< Leur juridiction s'étend jusqu'aux blanchisseries mêmes, toutes établies sur un grand pied, pourvues de machines à vapeur, de séchoirs artificiels et surtout de chambres désinfectantes. Aucun linge de corps ne revient à son propriétaire sans avoir été véritablement blanchi à fond, et un soin spécial est pris de ne jamais réunir les envois de deux familles distinctes. Cette simple précaution est d'un effet incalculable.

<< Les hôpitaux sont peu nombreux, car le système de l'assistance à domicile est général, et ils sont réservés aux étrangers sans asile et à quelques cas exceptionnels. Il est à peine besoin d'ajouter que l'idée de faire d'un hôpital un édifice plus grand que tous les autres et d'entasser dans un même foyer d'infection sept à huit cents malades, n'a pu entrer dans la tête d'un fondateur de

la cité modèle. Loin de chercher, par une étrange aberration, à réunir systématiquement plusieurs patients, on ne pense au contraire qu'à les isoler. C'est leur intérêt particulier aussi bien que celui du public. Dans chaque maison, même, on recommande de tenir autant que possible le malade en un appartement distinct. Les hôpitaux ne sont que des constructions exceptionnelles et restreintes, pour l'accommodation temporaire de quelques cas pressants.

<< Vingt, trente malades au plus, peuvent se trouver - chacun ayant sa chambre particulière -, centralisés dans ces baraques légères, faites de bois de sapin, et qu'on brûle régulièrement tous les ans pour les renouveler. Ces ambulances, fabriquées de toutes pièces sur un modèle spécial, ont d'ailleurs l'avantage de pouvoir être transportées à volonté sur tel ou tel point de la ville, selon les besoins, et multipliées autant qu'il est nécessaire.

<< Une innovation ingénieuse, rattachée à ce service, est celle d'un corps de gardes-malades éprouvées, dressées spécialement à ce métier tout spécial, et tenues par l'administration centrale à la disposition du public. Ces femmes, choisies avec discernement, sont pour les médecins les auxiliaires les plus précieux et les plus dévoués. Elles apportent au sein des familles les connaissances pratiques si nécessaires et si souvent absentes au moment du danger, et elles ont pour mission d'empêcher la propagation de la maladie en même temps qu'elles soignent le malade.

<< On ne finirait pas si l'on voulait énumérer tous les perfectionnements hygiéniques que les fondateurs de la ville nouvelle ont inaugurés. Chaque citoyen reçoit à son arrivée une petite brochure, où les principes les plus importants d'une vie réglée selon la science sont exposés dans un langage simple et clair.

<< Il y voit que l'équilibre parfait de toutes ses fonctions est une des nécessités de la santé ; que le travail et le repos sont également indispensables à ses organes ; que la fatigue est nécessaire à son cerveau comme à ses muscles ; que les neuf dixièmes des maladies sont dues à la contagion transmise par l'air ou les aliments. Il ne saurait donc entourer sa demeure et sa personne de trop de "quarantaines" sanitaires. Eviter l'usage des poisons excitants, pratiquer les exercices du corps, accomplir consciencieusement tous les jours une tâche fonctionnelle, boire de la bonne eau pure, manger des viandes et des légumes sains et simplement préparés, dormir régulièrement sept à huit heures par nuit, tel est l'ABC de la santé.

<< Partis des premiers principes posés par les fondateurs, nous en sommes venus insensiblement à parler de cette cité singulière comme d'une ville achevée. C'est qu'en effet, les premières maisons une fois bâties, les autres sont sorties de terre comme par enchantement. Il faut avoir visité le Far West pour se rendre compte de ces efflorescences urbaines. Encore désert au mois de janvier 1872, l'emplacement choisi comptait déjà six mille maisons en 1873. Il en possédait neuf mille et tous ses édifices au complet en 1874.

« Il faut dire que la spéculation a eu sa part dans ce succès inouï. Construites en grand sur des terrains immenses et sans valeur au début, les maisons étaient livrées à des prix très modérés et louées à des conditions très modestes. L'absence de tout octroi, l'indépendance politique de ce petit territoire isolé, l'attrait de la nouveauté, la douceur du climat ont contribué à appeler l'émigration. A l'heure qu'il est, France-Ville compte près de cent mille habitants.

« Ce qui vaut mieux et ce qui peut seul nous intéresser, c'est que l'expérience sanitaire est des plus concluantes. Tandis que la mortalité annuelle, dans les villes les plus favorisées de la vieille Europe ou du Nouveau Monde, n'est jamais sensiblement descendue au-dessous de trois pour cent, à France-Ville la moyenne de ces cinq dernières années n'est que de un et demi. Encore ce chiffre est-il grossi par une petite épidémie de fièvre paludéenne qui a signalé la première campagne. Celui de l'an dernier, pris séparément, n'est que de un et quart. Circonstance plus importante encore : à quelques exceptions près, toutes les morts actuellement enregistrées ont été dues à des affections spécifiques et la plupart héréditaires. Les maladies accidentelles ont été à la fois infiniment plus rares, plus limitées et moins dangereuses que dans aucun autre milieu. Quant aux épidémies proprement dites, on n'en a point vu.

« Les développements de cette tentative seront intéressants à suivre. Il sera curieux, notamment, de rechercher si l'influence d'un régime aussi scientifique sur toute la durée d'une génération, à plus forte raison de plusieurs générations, ne pourrait pas amortir les prédispositions morbides héréditaires.

« "Il n'est assurément pas outrecuidant de l'espérer, a écrit un des fondateurs de cette étonnante agglomération, et, dans ce cas, quelle ne serait pas la grandeur du résultat ! Les hommes vivant jusqu'à quatre- vingt-dix ou cent ans, ne mourant plus que de vieillesse, comme la plupart des animaux, comme les plantes ! "

« Un tel rêve a de quoi séduire !

« S'il nous est permis, toutefois, d'exprimer notre opinion sincère, nous n'avons qu'une foi médiocre dans le succès définitif de l'expérience. Nous y apercevons un vice originel et vraisemblablement fatal, qui est de se trouver aux mains d'un comité où l'élément latin domine et dont l'élément germanique a été systématiquement exclu. C'est là un fâcheux symptôme. Depuis que le monde existe, il ne s'est rien fait de durable que par l'Allemagne, et il ne se fera rien sans elle de définitif. Les fondateurs de France-Ville auront bien pu déblayer le terrain, élucider quelques points spéciaux ; mais ce n'est pas encore sur ce point de l'Amérique, c'est aux bords de la Syrie que nous verrons s'élever un jour la vraie cité modèle. »

XI   UN DINER CHEZ LE DOCTEUR SARRASIN

Le 13 septembre - quelques heures seulement avant l'instant fixé par Herr Schultze pour la destruction de France-Ville - , ni le gouverneur ni aucun des habitants ne se doutaient encore de l'effroyable danger qui les menaçait.

Il était sept heures du soir.

Cachée dans d'épais massifs de lauriers-roses et de tamarins, la cité s'allongeait gracieusement au pied des Cascade-Mounts et présentait ses quais de marbre aux vagues courtes du Pacifique, qui venaient les caresser sans bruit. Les rues, arrosées avec soin, rafraîchies par la brise, offraient aux yeux le spectacle le plus riant et le plus animé. Les arbres qui les ombrageaient bruissaient doucement. Les pelouses verdissaient. Les fleurs des parterres, rouvrant leurs corolles, exhalaient toutes à la fois leurs parfums. Les maisons souriaient, calmes et coquettes dans leur blancheur. L'air était tiède, le ciel bleu comme la mer, qu'on voyait miroiter au bout des longues avenues.

Un voyageur, arrivant dans la ville, aurait été frappé de l'air de santé des habitants, de l'activité qui régnait dans les rues. On fermait justement les académies de peinture, de musique, de sculpture, la bibliothèque, qui étaient réunies dans le même quartier et où d'excellents cours publics étaient organisés par sections peu nombreuses, - ce qui permettait à chaque élève de s'approprier à lui seul tout le fruit de la leçon. La foule, sortant de ces établissements, occasionna pendant quelques instants un certain encombrement ; mais aucune exclamation d'impatience, aucun cri ne se fit entendre. L'aspect général était tout de calme et de satisfaction.

C'était non au centre de la ville, mais sur le bord du Pacifique que la famille Sarrasin avait bâti sa demeure. Là, tout d'abord - car cette maison fut construite une des premières - , le docteur était venu s'établir définitivement avec sa femme et sa fille Jeanne.

Octave, le millionnaire improvisé, avait voulu rester à Paris, mais il n'avait plus Marcel pour lui servir de mentor.

Les deux amis s'étaient presque perdus de vue depuis l'époque où ils habitaient ensemble la rue du Roi-de-Sicile. Lorsque le docteur avait émigré avec sa femme et sa fille à la côte de l'Oregon, Octave était resté maître de lui-même. Il avait bientôt été entraîné fort loin de l'école, où son père avait voulu lui faire continuer ses études, et il avait échoué au dernier examen, d'où son ami était sorti avec le numéro un.

Jusque-là, Marcel avait été la boussole du pauvre Octave, incapable de se conduire lui-même. Lorsque le jeune Alsacien fut parti, son camarade d'enfance finit peu à peu par mener à Paris ce qu'on appelle la vie à grandes guides. Le mot était, dans le cas présent, d'autant plus juste que la sienne se passait en grande partie sur le siège élevé d'un énorme coach à quatre chevaux, perpétuellement en voyage entre l'avenue Marigny, où il avait pris un appartement, et les divers champs de courses de la banlieue. Octave Sarrasin, qui, trois mois plus tôt, savait à peine rester en selle sur les chevaux de manège qu'il louait à l'heure, était devenu subitement un des hommes de France les plus profondément versés dans les mystères de l'hippologie. Son érudition était empruntée à un groom anglais qu'il avait attaché à son service et qui le dominait entièrement par l'étendue de ses connaissances spéciales.

Les tailleurs, les selliers et les bottiers se partageaient ses matinées. Ses soirées appartenaient aux petits théâtres et aux salons d'un cercle, tout flambant neuf, qui venait de s'ouvrir au coin de la rue Tronchet, et qu'Octave avait choisi parce que le monde qu'il y trouvait rendait à son argent un hommage que ses seuls mérites n'avaient pas rencontré ailleurs. Ce monde lui paraissait l'idéal de la distinction. Chose particulière, la liste, somptueusement encadrée, qui figurait dans le salon d'attente, ne portait guère que des noms étrangers. Les titres foisonnaient, et l'on aurait pu se croire, du moins en les énumérant, dans l'antichambre d'un collège héraldique. Mais, si l'on pénétrait plus avant, on pensait plutôt se trouver dans une exposition vivante d'ethnologie. Tous les gros nez et tous les teints bilieux des deux mondes semblaient s'être donné rendez-vous là. Supérieurement habillés, du reste, ces personnages cosmopolites, quoiqu'un goût marqué pour les étoffes blanchâtres révélât l'éternelle aspiration des races jaune ou noire vers la couleur des << faces pâles >>.

Octave Sarrasin paraissait un jeune dieu au milieu de ces bimanes. On citait ses mots, on copiait ses cravates, on acceptait ses jugements comme articles de foi. Et lui, enivré de cet encens, ne s'apercevait pas qu'il perdait régulièrement tout son argent au baccara et aux courses. Peut-être certains membres du club, en leur qualité d'Orientaux, pensaient-ils avoir des droits à l'héritage de la Bégum. En tout cas, ils savaient l'attirer dans leurs poches par un mouvement lent, mais continu.

Dans cette existence nouvelle, les liens qui attachaient Octave à Marcel Bruckmann s'étaient vite relâchés. A peine, de loin en loin, les deux camarades échangeaient-ils une lettre. Que pouvait-il y avoir de commun entre l'âpre travailleur, uniquement occupé d'amener son intelligence à un degré supérieur de culture et de force, et le joli garçon, tout gonflé de son opulence, l'esprit rempli de ses histoires de club et d'écurie ?

On sait comment Marcel quitta Paris, d'abord pour observer les agissements de Herr Schultze, qui venait de fonder Stahlstadt, une rivale de France-Ville, sur le même terrain indépendant des Etats- Unis, puis pour entrer au service du Roi de l'Acier.

Pendant deux ans, Octave mena cette vie d'inutile et de dissipé. Enfin, l'ennui de ces choses creuses le prit, et, un beau jour, après quelques millions dévorés, il rejoignit son père, - ce qui le sauva d'une ruine menaçante, encore plus morale que physique. A cette époque, il demeurait donc à France-Ville dans la maison du docteur.

Sa soeur Jeanne, à en juger du moins par l'apparence, était alors une exquise jeune fille de dix-neuf ans, à laquelle son séjour de quatre années dans sa nouvelle patrie avait donné toutes les qualités américaines, ajoutées à toutes les grâces françaises. Sa mère disait parfois qu'elle n'avait jamais soupçonné, avant de l'avoir pour compagne de tous les instants, le charme de l'intimité absolue.

Quant à Mme Sarrasin, depuis le retour de l'enfant prodigue, son dauphin, le fils aîné de ses espérances, elle était aussi complètement heureuse qu'on peut l'être ici-bas, car elle s'associait à tout le bien que son mari pouvait faire et faisait, grâce à son immense fortune.

Ce soir-là, le docteur Sarrasin avait reçu, à sa table, deux de ses plus intimes amis, le colonel Hendon, un vieux débris de la guerre de Sécession, qui avait laissé un bras à Pittsburgh et une oreille à Seven-Oaks, mais qui n'en tenait pas moins sa partie tout comme un autre à la table d'échecs ; puis M. Lentz, directeur général de l'enseignement dans la nouvelle cité.

La conversation roulait sur les projets de l'administration de la ville, sur les résultats déjà obtenus dans les établissements publics de toute nature, institutions, hôpitaux, caisses de secours mutuel.

M. Lentz, selon le programme du docteur, dans lequel l'enseignement religieux n'était pas oublié, avait fondé plusieurs écoles primaires où les soins du maître tendaient à développer l'esprit de l'enfant en le soumettant à une gymnastique intellectuelle, calculée de manière à suivre l'évolution naturelle de ses facultés. On lui apprenait à aimer une science avant de s'en bourrer, évitant ce savoir qui, dit Montaigne, << nage en la superficie de la cervelle >>, ne pénètre pas l'entendement, ne rend ni plus sage ni meilleur. Plus tard, une intelligence bien préparée saurait, elle-même, choisir sa route et la suivre avec fruit.

Les soins d'hygiène étaient au premier rang dans une éducation si bien ordonnée. C'est que l'homme, corps et esprit, doit être également assuré de ces deux serviteurs ; si l'un fait défaut, il en souffre, et l'esprit à lui seul succomberait bientôt.

A cette époque, France-Ville avait atteint le plus haut degré de prospérité, non seulement matérielle, mais intellectuelle. Là, dans des congrès, se réunissaient les plus illustres savants des deux mondes. Des artistes, peintres, sculpteurs, musiciens, attirés par la réputation de cette cité, y affluaient. Sous ces maîtres étudiaient de jeunes Francevillais, qui promettaient d'illustrer un jour ce coin de la terre américaine. Il était donc permis de prévoir que cette nouvelle Athènes, française d'origine, deviendrait avant peu la première des cités.

Il faut dire aussi que l'éducation militaire des élèves se faisait dans les Lycées concurremment avec l'éducation civile. En en sortant, les jeunes gens connaissaient, avec le maniement des armes, les premiers éléments de stratégie et de tactique.

Aussi, le colonel Hendon, lorsqu'on fut sur ce chapitre, déclara-t-il qu'il était enchanté de toutes ses recrues.

<< Elles sont, dit-il, déjà accoutumées aux marches forcées, à la fatigue, à tous les exercices du corps. Notre armée se compose de tous les citoyens, et tous, le jour où il le faudra, se trouveront soldats aguerris et disciplinés. >>

France-Ville avait bien les meilleures relations avec tous les Etats voisins, car elle avait saisi toutes les occasions de les obliger ; mais l'ingratitude parle si haut, dans les questions d'intérêt, que le docteur et ses amis n'avaient pas perdu de vue la maxime : Aide-toi, le Ciel t'aidera ! et ils ne voulaient compter que sur eux-mêmes.

On était à la fin du dîner ; le dessert venait d'être enlevé, et, selon l'habitude anglo-saxonne qui avait prévalu, les dames venaient de quitter la table.

Le docteur Sarrasin, Octave, le colonel Hendon et M. Lentz continuaient la conversation commencée, et entamaient les plus hautes questions d'économie politique, lorsqu'un domestique entra et remit au docteur son journal.

C'était le *New York Herald*. Cette honorable feuille s'était toujours montrée extrêmement favorable à la fondation puis au développement de France-Ville, et les notables de la cité avaient l'habitude de chercher dans ses colonnes les variations possibles de l'opinion publique aux Etats-Unis à leur égard. Cette agglomération de gens heureux, libres, indépendants, sur ce petit territoire neutre, avait fait bien des envieux, et si les Francevillais avaient en Amérique des partisans pour les défendre, il se trouvait des ennemis pour les attaquer. En tout cas, le *New York Herald* était pour eux, et il ne cessait de leur donner des marques d'admiration et d'estime.

Le docteur Sarrasin, tout en causant, avait déchiré la bande du journal et jeté machinalement les yeux sur le premier article.

Quelle fut donc sa stupéfaction à la lecture des quelques lignes suivantes, qu'il lut à voix basse d'abord, à voix haute ensuite, pour la plus grande surprise et la plus profonde indignation de ses amis :

<< *New York, 8 septembre.* - Un violent attentat contre le droit des gens va prochainement s'accomplir. Nous apprenons de source certaine que de formidables armements se font à Stahlstadt dans le but d'attaquer et de détruire France-Ville, la cité d'origine française. Nous ne savons si les Etats-Unis pourront et devront intervenir dans cette lutte qui mettra encore aux prises les races latine et saxonne ; mais nous dénonçons aux honnêtes gens cet odieux abus de la force. Que France-Ville ne perde pas une heure pour se mettre en état de défense... etc. >>

XII LE CONSEIL

Ce n'était pas un secret, cette haine du Roi de l'Acier pour l'oeuvre du docteur Sarrasin. On savait qu'il était venu élever cité contre cité. Mais de là à se ruer sur une ville paisible, à la détruire par un coup de force, on devait croire qu'il y avait loin. Cependant, l'article du *New York Herald* était positif. Les correspondants de ce puissant journal avaient pénétré les desseins de Herr Schultze, et - ils le disaient -, il n'y avait pas une heure à perdre !

Le digne docteur resta d'abord confondu. Comme toutes les âmes honnêtes, il se refusait aussi longtemps qu'il le pouvait à croire le mal. Il lui semblait impossible qu'on pût pousser la perversité jusqu'à vouloir détruire, sans motif ou par pure fanfaronnade, une cité qui était en quelque sorte la propriété commune de l'humanité.

<< Pensez donc que notre moyenne de mortalité ne sera pas cette année de un et quart pour cent ! s'écria-t-il naïvement, que nous n'avons pas un garçon de dix ans qui ne sache lire, qu'il ne s'est pas commis un meurtre ni un vol depuis la fondation de France-Ville ! Et des barbares viendraient anéantir à son début une expérience si heureuse ! Non ! Je ne peux pas admettre qu'un chimiste, qu'un savant, fût-il cent fois germain, en soit capable ! >>

Il fallut bien, cependant, se rendre aux témoignages d'un journal tout dévoué à l'oeuvre du docteur et aviser sans retard. Ce premier moment d'abattement passé, le docteur Sarrasin, redevenu maître de lui-même, s'adressa à ses amis :

<< Messieurs, leur dit-il, vous êtes membres du Conseil civique, et il vous appartient comme à moi de prendre toutes les mesures nécessaires pour le salut de la ville. Qu'avons nous à faire tout d'abord ?

- Y a-t-il possibilité d'arrangement ? dit M. Lentz. Peut-on honorablement éviter la guerre ?

- C'est impossible, répliqua Octave. Il est évident que Herr Schultze la veut à tout prix. Sa haine ne transigera pas !

- Soit ! s'écria le docteur. On s'arrangera pour être en mesure de lui répondre. Pensez-vous, colonel, qu'il y ait un moyen de résister aux canons de Stahlstadt ?

- Toute force humaine peut être efficacement combattue par une autre force humaine, répondit le colonel Hendon, mais il ne faut pas songer à nous défendre par les mêmes moyens et les mêmes armes dont Herr Schultze se servira pour nous attaquer. La construction d'engins de guerre capables de lutter avec les siens exigerait un temps très long, et je ne sais, d'ailleurs, si nous réussirions à les fabriquer, puisque les ateliers spéciaux nous manquent. Nous n'avons donc qu'une chance de salut : empêcher l'ennemi d'arriver jusqu'à nous, et rendre l'investissement impossible.

- Je vais immédiatement convoquer le Conseil >>, dit le docteur Sarrasin.

Le docteur précéda ses hôtes dans son cabinet de travail.

C'était une pièce simplement meublée, dont trois côtés étaient couverts par des rayons chargés de livres, tandis que le quatrième présentait, au-dessous de quelques tableaux et d'objets d'art, une rangée de pavillons numérotés, pareils à des cornets acoustiques.

<< Grâce au téléphone, dit-il, nous pouvons tenir conseil à France-Ville en restant chacun chez soi. >>

Le docteur toucha un timbre avertisseur, qui communiqua instantanément son appel au logis de tous les membres du Conseil. En moins de trois minutes, le mot << présent ! >> apporté successivement par chaque fil de communication, annonça que le Conseil était en séance.

Le docteur se plaça alors devant le pavillon de son appareil expéditeur, agita une sonnette et dit :

<< La séance est ouverte... La parole est à mon honorable ami le colonel Hendon, pour faire au Conseil civique une communication de la plus haute gravité. >>

Le colonel se plaça à son tour devant le téléphone, et, après avoir lu l'article du New York Herald, il demanda que les premières mesures fussent immédiatement prises.

A peine avait-il conclu que le numéro 6 lui posa une question :

<< Le colonel croyait-il la défense possible, au cas où les moyens sur lesquels il comptait pour empêcher l'ennemi d'arriver n'y auraient pas réussi ? >>

Le colonel Hendon répondit affirmativement. La question et la réponse étaient parvenues instantanément à chaque membre invisible du Conseil comme les explications qui les avaient précédées.

Le numéro 7 demanda combien de temps, à son estime, les Francevillais avaient pour se préparer.

<< Le colonel ne le savait pas, mais il fallait agir comme s'ils devaient être attaqués avant quinze jours.

Le numéro 2 : << Faut-il attendre l'attaque ou croyez-vous préférable de la prévenir ?

- Il faut tout faire pour la prévenir, répondit le colonel, et, si nous sommes menacés d'un débarquement, faire sauter les navires de Herr Schultze avec nos torpilles. >> Sur cette proposition, le docteur Sarrasin offrit d'appeler en conseil les chimistes les plus distingués, ainsi que les officiers d'artillerie les plus expérimentés, et de leur confier le soin d'examiner les projets que le colonel Hendon avait à leur soumettre.

Question du numéro 1 :

<< Quelle est la somme nécessaire pour commencer immédiatement les travaux de défense ?

- Il faudrait pouvoir disposer de quinze à vingt millions de dollars. >>

Le numéro 4 : << Je propose de convoquer immédiatement l'assemblée plénière des citoyens. >>

Le président Sarrasin : << Je mets aux voix la proposition. >>

Deux coups de timbre, frappés dans chaque téléphone, annoncèrent qu'elle était adoptée à l'unanimité.

Il était huit heures et demie. Le Conseil civique n'avait pas duré dix- huit minutes et n'avait dérangé personne.

L'assemblée populaire fut convoquée par un moyen aussi simple et presque aussi expéditif. A peine le docteur Sarrasin eut-il communiqué le vote du Conseil à l'hôtel de ville, toujours par l'intermédiaire de son téléphone, qu'un carillon électrique se mit en mouvement au sommet de chacune des colonnes placées dans les deux cent quatre-vingts carrefours de la ville. Ces colonnes étaient surmontées de cadrans lumineux dont les aiguilles, mues par l'électricité, s'étaient aussitôt arrêtées sur huit heures et demie, - heure de la convocation.

Tous les habitants, avertis à la fois par cet appel bruyant qui se prolongea pendant plus d'un quart d'heure, s'empressèrent de sortir ou de lever la tête vers le cadran le plus voisin, et, constatant qu'un devoir national les appelait à la halle municipale, ils s'empressèrent de s'y rendre.

A l'heure dite, c'est-à-dire en moins de quarante-cinq minutes, l'assemblée était au complet. Le docteur Sarrasin se trouvait déjà à la place d'honneur, entouré de tout le Conseil. Le colonel Hendon attendait, au pied de la tribune, que la parole lui fût donnée.

La plupart des citoyens savaient déjà la nouvelle qui motivait le meeting. En effet, la discussion du Conseil civique, automatiquement sténographiée par le téléphone de l'hôtel de ville, avait été immédiatement envoyée aux journaux, qui en avaient fait l'objet d'une édition spéciale, placardée sous forme d'affiches.

La halle municipale était une immense nef à toit de verre, où l'air circulait librement, et dans laquelle la lumière tombait à flots d'un cordon de gaz qui dessinait les arêtes de la voûte.

La foule était debout, calme, peu bruyante. Les visages étaient gais. La plénitude de la santé, l'habitude d'une vie pleine et régulière, la conscience de sa propre force mettaient chacun au-dessus de toute émotion désordonnée d'alarme ou de colère.

A peine le président eut-il touché la sonnette, à huit heures et demie précises, qu'un silence profond s'établit.

Le colonel monta à la tribune.

Là, dans une langue sobre et forte, sans ornements inutiles et prétentions oratoires - la langue des gens qui, sachant ce qu'ils disent, énoncent clairement les choses parce qu'ils les comprennent bien - , le colonel Hendon raconta la haine invétérée de Herr Schultze contre la France, contre Sarrasin et son oeuvre, les préparatifs formidables qu'annonçait le New York Herald, destinés à détruire France-Ville et ses habitants.

<< C'était à eux de choisir le parti qu'ils croyaient le meilleur à prendre, poursuivit-il. Bien des gens sans courage et sans patriotisme aimeraient peut-être mieux céder le terrain, et laisser les agresseurs s'emparer de la patrie nouvelle. Mais le colonel était sûr d'avance que des propositions si pusillanimes ne trouveraient pas d'écho parmi ses concitoyens. Les hommes qui avaient su comprendre la grandeur du but poursuivi par les fondateurs de la cité modèle, les hommes qui avaient su en accepter les lois, étaient nécessairement des gens de coeur et d'intelligence. Représentants sincères et militants du progrès, ils voudraient tout faire pour sauver cette ville incomparable, monument glorieux élevé à l'art d'améliorer le sort de l'homme ! Leur devoir était donc de donner leur vie pour la cause qu'ils représentaient. >>

Une immense salve d'applaudissements accueillit cette péroraison.

Plusieurs orateurs vinrent appuyer la motion du colonel Hendon.

Le docteur Sarrasin, ayant fait valoir alors la nécessité de constituer sans délai un Conseil de défense, chargé de prendre toutes les mesures urgentes, en s'entourant du secret indispensable aux opérations militaires, la proposition fut adoptée.

Séance tenante, un membre du Conseil civique suggéra la convenance de voter un crédit provisoire de cinq millions de dollars, destinés aux premiers travaux. Toutes les mains se levèrent pour ratifier la mesure.

A dix heures vingt-cinq minutes, le meeting était terminé, et les habitants de France-Ville, s'étant donné des chefs, allaient se retirer, lorsqu'un incident inattendu se produisit.

La tribune, libre depuis un instant, venait d'être occupée par un inconnu de l'aspect le plus étrange.

Cet homme avait surgi là comme par magie. Sa figure énergique portait les marques d'une surexcitation effroyable, mais son attitude était calme et résolue. Ses vêtements à demi collés à son corps et encore souillés de vase, son front ensanglanté, disaient qu'il venait de passer par de terribles épreuves.

A sa vue, tous s'étaient arrêtés. D'un geste impérieux, l'inconnu avait commandé à tous l'immobilité et le silence.

Qui était-il ? D'où venait-il ? Personne, pas même le docteur Sarrasin, ne songea à le lui demander.

D'ailleurs, on fut bientôt fixé sur sa personnalité.

<< Je viens de m'échapper de Stahlstadt, dit-il. Herr Schultze m'avait condamné à mort. Dieu a permis que j'arrivasse jusqu'à vous assez à temps pour tenter de vous sauver. Je ne suis pas un inconnu pour tout le monde ici. Mon vénéré maître, le docteur Sarrasin, pourra vous dire, je l'espère qu'en dépit de

l'apparence qui me rend méconnaissable même pour lui, on peut avoir quelque confiance dans Marcel Bruckmann !

- Marcel ! >> s'étaient écriés à la fois le docteur et Octave.

Tous deux allaient se précipiter vers lui...

Un nouveau geste les arrêta.

C'était Marcel, en effet, miraculeusement sauvé. Après qu'il eut forcé la grille du canal, au moment où il tombait presque asphyxié, le courant l'avait entraîné comme un corps sans vie. Mais, par bonheur, cette grille fermait l'enceinte même de Stahlstadt, et, deux minutes après, Marcel était jeté au-dehors, sur la berge de la rivière, libre enfin, s'il revenait à la vie !

Pendant de longues heures, le courageux jeune homme était resté étendu sans mouvement, au milieu de cette sombre nuit, dans cette campagne déserte, loin de tout secours.

Lorsqu'il avait repris ses sens, il faisait jour. Il s'était alors souvenu !... Grâce à Dieu, il était donc enfin hors de la maudite Stahlstadt ! Il n'était plus prisonnier. Toute sa pensée se concentra sur le docteur Sarrasin, ses amis, ses concitoyens !

<< Eux ! eux ! >> s'écria-t-il alors.

Par un suprême effort, Marcel parvint à se remettre sur pied.

Dix lieues le séparaient de France-Ville, dix lieues à faire, sans railway, sans voiture, sans cheval, à travers cette campagne qui était comme abandonnée autour de la farouche Cité de l'Acier. Ces dix lieues, il les franchit sans prendre un instant de repos, et, à dix heures et quart, il arrivait aux premières maisons de la cité du docteur Sarrasin.

Les affiches qui couvraient les murs lui apprirent tout. Il comprit que les habitants étaient prévenus du danger qui les menaçait ; mais il comprit aussi qu'ils ne savaient ni combien ce danger était immédiat, ni surtout de quelle étrange nature il pouvait être.

La catastrophe préméditée par Herr Schultze devait se produire ce soir-là, à onze heures quarante-cinq... Il était dix heures un quart.

Un dernier effort restait à faire. Marcel traversa la ville tout d'un élan, et, à dix heures vingt-cinq minutes, au moment où l'assemblée allait se retirer, il escaladait la tribune.

<< Ce n'est pas dans un mois, mes amis, s'écria-t-il, ni même dans huit jours, que le premier danger peut vous atteindre ! Avant une heure, une catastrophe sans précédent, une pluie de fer et de feu va tomber sur votre ville. Un engin digne de l'enfer, et qui porte à dix lieues, est, à l'heure où je parle, braqué contre elle. Je l'ai vu. Que les femmes et les enfants cherchent donc un abri au fond des caves qui présentent quelques garanties de solidité, ou qu'ils sortent de la ville à l'instant pour chercher un refuge dans la montagne ! Que les hommes valides se

préparent pour combattre le feu par tous les moyens possibles ! Le feu, voilà pour le moment votre seul ennemi ! Ni armées ni soldats ne marchent encore contre vous. L'adversaire qui vous menace a dédaigné les moyens d'attaque ordinaires. Si les plans, si les calculs d'un homme dont la puissance pour le mal vous est connue se réalisent, si Herr Schultze ne s'est pas pour la première fois trompé, c'est sur cent points à la fois que l'incendie va se déclarer subitement dans France-Ville ! C'est sur cent points différents qu'il s'agira de faire tout à l'heure face aux flammes ! Quoi qu'il en doive advenir, c'est tout d'abord la population qu'il faut sauver, car enfin, celles de vos maisons, ceux de vos monuments qu'on ne pourra préserver, dût même la ville entière être détruite, l'or et le temps pourront les rebâtir ! >>

En Europe, on eût pris Marcel pour un fou. Mais ce n'est pas en Amérique qu'on s'aviserait de nier les miracles de la science, même les plus inattendus. On écouta le jeune ingénieur, et, sur l'avis du docteur Sarrasin, on le crut.

La foule, subjuguée plus encore par l'accent de l'orateur que par ses paroles, lui obéit sans même songer à les discuter. Le docteur répondait de Marcel Bruckmann. Cela suffisait.

Des ordres furent immédiatement donnés, et des messagers partirent dans toutes les directions pour les répandre.

Quant aux habitants de la ville, les uns, rentrant dans leur demeure, descendirent dans les caves, résignés à subir les horreurs d'un bombardement ; les autres, à pied, à cheval, en voiture, gagnèrent la campagne et tournèrent les premières rampes des Cascade-Mounts. Pendant ce temps et en toute hâte, les hommes valides réunissaient sur la grande place et sur quelques points indiqués par le docteur tout ce qui pouvait servir à combattre le feu, c'est-à-dire de l'eau, de la terre, du sable.

Cependant, à la salle des séances, la délibération continuait à l'état de dialogue.

Mais il semblait alors que Marcel fût obsédé par une idée qui ne laissait place à aucune autre dans son cerveau. Il ne parlait plus, et ses lèvres murmuraient ces seuls mots :

<< A onze heures quarante-cinq ! Est-ce bien possible que ce Schultze maudit ait raison de nous par son exécrable invention ?... >>

Tout à coup, Marcel tira un carnet de sa poche. Il fit le geste d'un homme qui demande le silence, et, le crayon à la main, il traça d'une main fébrile quelques chiffres sur une des pages de son carnet. Et alors, on vit peu à peu son front s'éclairer, sa figure devenir rayonnante :

<< Ah ! mes amis ! s'écria-t-il, mes amis ! Ou les chiffres que voici sont menteurs, ou tout ce que nous redoutons va s'évanouir comme un cauchemar devant l'évidence d'un problème de balistique dont je cherchais en vain la solution ! Herr Schultze s'est trompé ! Le danger dont il nous menace n'est qu'un rêve !

Pour une fois, sa science est en défaut ! Rien de ce qu'il a annoncé n'arrivera, ne peut arriver ! Son formidable obus passera au-dessus de France-Ville sans y toucher, et, s'il reste à craindre quelque chose, ce n'est que pour l'avenir ! >>

Que voulait dire Marcel ? On ne pouvait le comprendre !

Mais alors, le jeune Alsacien exposa le résultat du calcul qu'il venait enfin de résoudre. Sa voix nette et vibrante déduisit sa démonstration de façon à la rendre lumineuse pour les ignorants eux-mêmes. C'était la clarté succédant aux ténèbres, le calme à l'angoisse. Non seulement le projectile ne toucherait pas à la cité du docteur, mais il ne toucherait à << rien du tout >>. Il était destiné à se perdre dans l'espace !

Le docteur Sarrasin approuvait du geste l'exposé des calculs de Marcel, lorsque, tout d'un coup, dirigeant son doigt vers le cadran lumineux de la salle :

<< Dans trois minutes, dit-il, nous saurons qui de Schultze ou de Marcel Bruckmann a raison ! Quoi qu'il en soit, mes amis, ne regrettons aucune des précautions prises et ne négligeons rien de ce qui peut déjouer les inventions de notre ennemi. Son coup, s'il doit manquer, comme Marcel vient de nous en donner l'espoir, ne sera pas le dernier ! La haine de Schultze ne saurait se tenir pour battue et s'arrêter devant un échec !

- Venez ! >> s'écria Marcel.

Et tous le suivirent sur la grande place.

Les trois minutes s'écoulèrent. Onze heures quarante-cinq sonnèrent à l'horloge !...

Quatre secondes après, une masse sombre passait dans les hauteurs du ciel, et, rapide comme la pensée, se perdait bien au-delà de la ville avec un sifflement sinistre.

<< Bon voyage ! s'écria Marcel, en éclatant de rire. Avec cette vitesse initiale, l'obus de Herr Schultze qui a dépassé, maintenant, les limites de l'atmosphère, ne peut plus retomber sur le sol terrestre ! >>

Deux minutes plus tard, une détonation se faisait entendre, comme un bruit sourd, qu'on eût cru sorti des entrailles de la terre !

C'était le bruit du canon de la Tour du Taureau, et ce bruit arrivait en retard de cent treize secondes sur le projectile qui se déplaçait avec une vitesse de cent cinquante lieues à la minute.

XIII MARCEL BRUCKMANN AU PROFESSEUR SCHULTZE, STAHLSTADT

<< France-Ville, 14 septembre.

<< Il me paraît convenable d'informer le Roi de l'Acier que j'ai passé fort heureusement, avant-hier soir, la frontière de ses possessions, préférant mon salut à celui du modèle du canon Schultze.

<< En vous présentant mes adieux, je manquerais à tous mes devoirs, si je ne vous faisais pas connaître, à mon tour, mes secrets ; mais, soyez tranquille, vous n'en paierez pas la connaissance de votre vie.

<< Je ne m'appelle pas Schwartz, et je ne suis pas suisse. Je suis alsacien. Mon nom est Marcel Bruckmann. Je suis un ingénieur passable, s'il faut vous en croire, mais, avant tout, je suis français. Vous vous êtes fait l'ennemi implacable de mon pays, de mes amis, de ma famille. Vous nourrissiez d'odieux projets contre tout ce que j'aime. J'ai tout osé, j'ai tout fait pour les connaître ! Je ferai tout pour les déjouer.

<< Je m'empresse de vous faire savoir que votre premier coup n'a pas porté, que votre but, grâce à Dieu, n'a pas été atteint, et qu'il ne pouvait pas l'être ! Votre canon n'en est pas moins un canon archi-merveilleux, mais les projectiles qu'il lance sous une telle charge de poudre, et ceux qu'il pourrait lancer, ne feront de mal à personne ! Ils ne tomberont jamais nulle part. Je l'avais pressenti, et c'est aujourd'hui, à votre plus grande gloire, un fait acquis, que Herr Schultze a inventé un canon terrible... entièrement inoffensif.

<< C'est donc avec plaisir que vous apprendrez que nous avons vu votre obus trop perfectionné passer hier soir, à onze heures quarante-cinq minutes et quatre secondes, au-dessus de notre ville. Il se dirigeait vers l'ouest, circulant dans le vide, et il continuera à graviter ainsi jusqu'à la fin des siècles. Un projectile, animé d'une vitesse initiale vingt fois supérieure à la vitesse actuelle, soit dix mille mètres à la seconde, ne peut plus "tomber" ! Son mouvement de translation, combiné avec l'attraction terrestre, en fait un mobile destiné à toujours circuler autour de notre globe.

<< Vous auriez dû ne pas l'ignorer.

<< J'espère, en outre, que le canon de la Tour du Taureau est absolument détérioré par ce premier essai ; mais ce n'est pas payer trop cher, deux cent mille dollars, l'agrément d'avoir doté le monde planétaire d'un nouvel astre, et la Terre d'un second satellite.

<< Marcel BRUCKMANN. >>

Un exprès partit immédiatement de France-Ville pour Stahlstadt. On pardonnera à Marcel de n'avoir pu se refuser la satisfaction gouailleuse de faire parvenir sans délai cette lettre à Herr Schultze.

Marcel avait en effet raison lorsqu'il disait que le fameux obus, animé de cette vitesse et circulant au-delà de la couche atmosphérique, ne tomberait plus sur la surface de la terre, - raison aussi quant il espérait que, sous cette énorme charge de pyroxyle, le canon de la Tour du Taureau devait être hors d'usage.

Ce fut une rude déconvenue pour Herr Schultze, un échec terrible à son indomptable amour-propre, que la réception de cette lettre. En la lisant, il devint livide, et, après l'avoir lue, sa tête tomba sur sa poitrine comme s'il avait reçu un coup de massue. Il ne sortit de cet état de prostration qu'au bout d'un quart d'heure, mais par quelle colère !

Arminius et Sigimer seuls auraient pu dire ce qu'en furent les éclats !

Cependant, Herr Schultze n'était pas homme à s'avouer vaincu. C'est une lutte sans merci qui allait s'engager entre lui et Marcel. Ne lui restait-il pas ses obus chargés d'acide carbonique liquide, que des canons moins puissants, mais plus pratiques, pourraient lancer à courte distance ?

Apaisé par un effort soudain, le Roi de l'Acier était rentré dans son cabinet et avait repris son travail.

Il était clair que France-Ville, plus menacée que jamais, ne devait rien négliger pour se mettre en état de défense.

XIV   BRANLE-BAS DE COMBAT

Si le danger n'était plus imminent, il était toujours grave. Marcel fit connaître au docteur Sarrasin et à ses amis tout ce qu'il savait des préparatifs de Herr Schultze et de ses engins de destruction. Dès le lendemain, le Conseil de défense, auquel il prit part, s'occupa de discuter un plan de résistance et d'en préparer l'exécution.

En tout ceci, Marcel fut bien secondé par Octave, qu'il trouva moralement changé et bien à son avantage.

Quelles furent les résolutions prises ? Personne n'en sut le détail. Les principes généraux furent seuls systématiquement communiqués à la presse et répandus dans le public. Il n'était pas malaisé d'y reconnaître la main pratique de Marcel.

<< Dans toute défense, se disait-on par la ville, la grande affaire est de bien connaître les forces de l'ennemi et d'adapter le système de résistance à ces forces mêmes. Sans doute, les canons de Herr Schultze sont formidables. Mieux vaut pourtant avoir en face de soi ces canons, dont on sait le nombre, le calibre, la portée et les effets, que d'avoir à lutter contre des engins mal connus. >>

Le tout était d'empêcher l'investissement de la ville, soit par terre, soit par mer.

C'est cette question qu'étudiait avec activité le Conseil de défense, et, le jour où une affiche annonça que le problème était résolu, personne n'en douta. Les citoyens accoururent se proposer en masse pour exécuter les travaux nécessaires. Aucun emploi n'était dédaigné, qui devait contribuer à l'oeuvre de défense. Des hommes de tout âge, de toute position, se faisaient simples ouvriers en cette circonstance. Le travail était conduit rapidement et gaiement. Des approvisionnements de vivres suffisants pour deux ans furent emmagasinés dans la ville. La houille et le fer arrivèrent aussi en quantités considérables : le fer, matière première de l'armement ; la houille, réservoir de chaleur et de mouvement, indispensables à la lutte.

Mais, en même temps que la houille et le fer, s'entassaient sur les places, des piles gigantesques de sacs de farine et de quartiers de viande fumée, des meules de fromages, des montagnes de conserves alimentaires et de légumes desséchés s'amoncelaient dans les halles transformées en magasins. Des troupeaux nombreux étaient parqués dans les jardins qui faisaient de France-Ville une vaste pelouse.

Enfin, lorsque parut le décret de mobilisation de tous les hommes en état de porter les armes, l'enthousiasme qui l'accueillit témoigna une fois de plus des excellentes dispositions de ces soldats citoyens. Equipés simplement de vareuses de laine, pantalons de toile et demi- bottes, coiffés d'un bon chapeau de cuir bouilli, armés de fusils Werder, ils manoeuvraient dans les avenues.

Des essaims de coolies remuaient la terre, creusaient des fossés, élevaient des retranchements et des redoutes sur tous les points favorables. La fonte des pièces d'artillerie avait commencé et fut poussée avec activité. Une circonstance très favorable à ces travaux était qu'on put utiliser le grand nombre de fourneaux fumivores que possédait la ville et qu'il fut aisé de transformer en fours de fonte.

Au milieu de ce mouvement incessant, Marcel se montrait infatigable. Il était partout, et partout à la hauteur de sa tâche. Qu'une difficulté théorique ou pratique se présentât, il savait immédiatement la résoudre. Au besoin, il retroussait ses manches et montrait un procédé expéditif, un tour de main rapide. Aussi son autorité était-elle acceptée sans murmure et ses ordres toujours ponctuellement exécutés.

Auprès de lui, Octave faisait de son mieux. Si, tout d'abord, il s'était promis de bien garnir son uniforme de galons d'or, il y renonça, comprenant qu'il ne devait rien être, pour commencer, qu'un simple soldat.

Aussi prit-il rang dans le bataillon qu'on lui assigna et sut-il s'y conduire en soldat modèle. A ceux qui firent d'abord mine de le plaindre :

<< A chacun selon ses mérites, répondit-il. Je n'aurais peut-être pas su commander !... C'est le moins que j'apprenne à obéir ! >>

Une nouvelle - fausse il est vrai - vint tout à coup imprimer aux travaux de défense une impulsion plus vive encore. Herr Schultze, disait-on, cherchait à négocier avec des compagnies maritimes pour le transport de ses canons. A partir de ce moment, les << canards >> se succédèrent tous les jours. C'était tantôt la flotte schultzienne qui avait mis le cap sur France-Ville, tantôt le chemin de fer de Sacramento qui avait été coupé par des << uhlans >>, tombés du ciel apparemment.

Mais ces rumeurs, aussitôt contredites, étaient inventées à plaisir par des chroniqueurs aux abois dans le but d'entretenir la curiosité de leurs lecteurs. La vérité, c'est que Stahlstadt ne donnait pas signe de vie.

Ce silence absolu, tout en laissant à Marcel le temps de compléter ses travaux de défense, n'était pas sans l'inquiéter quelque peu dans ses rares instants de loisir.

<< Est-ce que ce brigand aurait changé ses batteries et me préparerait quelque nouveau tour de sa façon ? >> se demandait-il parfois.

Mais le plan, soit d'arrêter les navires ennemis, soit d'empêcher l'investissement, promettait de répondre à tout, et Marcel, en ses moments d'inquiétude, redoublait encore d'activité.

Son unique plaisir et son unique repos, après une laborieuse journée, était l'heure rapide qu'il passait tous les soirs dans le salon de Mme Sarrasin.

Le docteur avait exigé, dès les premiers jours, qu'il vînt habituellement dîner chez lui, sauf dans le cas où il en serait empêché par un autre engagement ; mais, par un phénomène singulier, le cas d'un engagement assez séduisant pour que Marcel renonçât à ce privilège ne s'était pas encore présenté. L'éternelle partie d'échecs du docteur avec le colonel Hendon n'offrait cependant pas un intérêt assez palpitant pour expliquer cette assiduité. Force est donc de penser qu'un autre charme agissait sur Marcel, et peut-être pourra-t-on en soupçonner la nature, quoique, assurément, il ne la soupçonnât pas encore lui-même, en observant l'intérêt que semblaient avoir pour lui ses causeries du soir avec Mme Sarrasin et Mlle Jeanne, lorsqu'ils étaient tous trois assis près de la grande table sur laquelle les deux vaillantes femmes préparaient ce qui pouvait être nécessaire au service futur des ambulances.

<< Est-ce que ces nouveaux boulons d'acier vaudront mieux que ceux dont vous nous aviez montré le dessin ? demandait Jeanne, qui s'intéressait à tous les travaux de la défense.

- Sans nul doute, mademoiselle, répondait Marcel.

- Ah ! j'en suis bien heureuse ! Mais que le moindre détail industriel représente de recherche et de peine !... Vous me disiez que le génie a creusé hier cinq cents nouveaux mètres de fossés ? C'est beaucoup, n'est-ce pas ?

- Mais non, ce n'est même pas assez ! De ce train-là nous n'aurons pas terminé l'enceinte à la fin du mois.

- Je voudrais bien la voir finie, et que ces affreux Schultziens arrivassent ! Les hommes sont bien heureux de pouvoir agir et se rendre utiles. L'attente est ainsi moins longue pour eux que pour nous, qui ne sommes bonnes à rien.

- Bonnes à rien ! s'écriait Marcel, d'ordinaire plus calme, bonnes à rien. Et pour qui donc, selon vous, ces braves gens, qui ont tout quitté pour devenir soldats, pour qui donc travaillent-ils, sinon pour assurer le repos et le bonheur de leurs mères, de leurs femmes, de leurs fiancées ? Leur ardeur, à tous, d'où leur vient-elle, sinon de vous, et à qui ferez vous remonter cet amour du sacrifice, sinon... >>

Sur ce mot, Marcel, un peu confus, s'arrêta. Mlle Jeanne n'insista pas, et ce fut la bonne Mme Sarrasin qui fut obligée de fermer la discussion, en disant au jeune homme que l'amour du devoir suffisait sans doute à expliquer le zèle du plus grand nombre.

Et lorsque Marcel, rappelé par la tâche impitoyable, pressé d'aller achever un projet ou un devis, s'arrachait à regret à cette douce causerie, il emportait avec lui l'inébranlable résolution de sauver France-Ville et le moindre de ses habitants.

Il ne s'attendait guère à ce qui allait arriver, et, cependant, c'était la conséquence naturelle, inéluctable, de cet état de choses contre nature, de cette concentration de tous en un seul, qui était la loi fondamentale de la Cité de l'Acier.

XV LA BOURSE DE SAN FRANCISCO

La Bourse de San Francisco, expression condensée et en quelque sorte algébrique d'un immense mouvement industriel et commercial, est l'une des plus animées et des plus étranges du monde. Par une conséquence naturelle de la position géographique de la capitale de la Californie, elle participe du caractère cosmopolite, qui est un de ses traits les plus marqués. Sous ses portiques de beau granit rouge, le Saxon aux cheveux blonds, à la taille élevée, coudoie le Celte au teint mat, aux cheveux plus foncés, aux membres plus souples et plus fins. Le Nègre y rencontre le Finnois et l'Indu. Le Polynésien y voit avec surprise le Groenlandais. Le Chinois aux yeux obliques, à la natte soigneusement tressée, y lutte de finesse avec le Japonais, son ennemi historique. Toutes les langues, tous les dialectes, tous les jargons s'y heurtent comme dans une Babel moderne.

L'ouverture du marché du 12 octobre, à cette Bourse unique au monde, ne présenta rien d'extraordinaire. Comme onze heures approchaient, on vit les principaux courtiers et agents d'affaires s'aborder gaiement ou gravement, selon leurs tempéraments particuliers, échanger des poignées de main, se diriger vers la buvette et préluder, par des libations propitiatoires, aux opérations de la journée. Ils allèrent, un à un, ouvrir la petite porte de cuivre des casiers numérotés qui reçoivent, dans le vestibule, la correspondance des abonnés, en tirer d'énormes paquets de lettres et les parcourir d'un oeil distrait.

Bientôt, les premiers cours du jour se formèrent, en même temps que la foule affairée grossissait insensiblement. Un léger brouhaha s'éleva des groupes, de plus en plus nombreux.

Les dépêches télégraphiques commencèrent alors à pleuvoir de tous les points du globe. Il ne se passait guère de minute sans qu'une bande de papier bleu, lue à tue-tête au milieu de la tempête des voix, vînt s'ajouter sur la muraille du nord à la collection des télégrammes placardés par les gardes de la Bourse.

L'intensité du mouvement croissait de minute en minute. Des commis entraient en courant, repartaient, se précipitaient vers le bureau télégraphique, apportaient des réponses. Tous les carnets étaient ouverts, annotés, raturés, déchirés. Une sorte de folie contagieuse semblait avoir pris possession de la foule, lorsque, vers une heure, quelque chose de mystérieux sembla passer comme un frisson à travers ces groupes agités.

Une nouvelle étonnante, inattendue, incroyable, venait d'être apportée par l'un des associés de la Banque du Far West et circulait avec la rapidité de l'éclair.

Les uns disaient :

<< Quelle plaisanterie !... C'est une manoeuvre ! Comment admettre une bourde pareille ?

- Eh ! eh ! faisaient les autres, il n'y a pas de fumée sans feu !
- Est-ce qu'on sombre dans une situation comme celle-là ?
- On sombre dans toutes les situations !
- Mais, monsieur, les immeubles seuls et l'outillage représentent plus de quatre-vingts millions de dollars ! s'écriait celui-ci.
- Sans compter les fontes et aciers, approvisionnements et produits fabriqués ! répliquait celui-là.
- Parbleu ! c'est ce que je disais ! Schultze est bon pour quatre-vingt-dix millions de dollars, et je me charge de les réaliser quand on voudra sur son actif !
- Enfin, comment expliquez-vous cette suspension de paiements ?
- Je ne me l'explique pas du tout !... Je n'y crois pas !
- Comme si ces choses-là n'arrivaient pas tous les jours et aux maisons réputées les plus solides !
- Stahlstadt n'est pas une maison, c'est une ville !
- Après tout, il est impossible que ce soit fini ! Une compagnie ne peut manquer de se former pour reprendre ses affaires !
- Mais pourquoi diable Schultze ne l'a-t-il pas formée, avant de se laisser protester ?
- Justement, monsieur, c'est tellement absurde que cela ne supporte pas l'examen ! C'est purement et simplement une fausse nouvelle, probablement lancée par Nash, qui a terriblement besoin d'une hausse sur les aciers !
- Pas du tout une fausse nouvelle ! Non seulement Schultze est en faillite, mais il est en fuite !
- Allons donc !
- En fuite, monsieur. Le télégramme qui le dit vient d'être placardé à l'instant ! >>

Une formidable vague humaine roula vers le cadre des dépêches. La dernière bande de papier bleu était libellée en ces termes :

<< *New York*, 12 heures 10 minutes. - Central-Bank. Usine Stahlstadt. Paiements suspendus. Passif connu : quarante-sept millions de dollars. Schultze disparu. >>

Cette fois, il n'y avait plus à douter, quelque surprenante que fût la nouvelle, et les hypothèses commencèrent à se donner carrière.

A deux heures, les listes de faillites secondaires entraînées par celle de Herr Schultze, commencèrent à inonder la place. C'était la Mining-Bank de New York qui perdait le plus ; la maison Westerley et fils, de Chicago, qui se trouvait impliquée pour sept millions de dollars ; la maison Milwaukee, de Buffalo, pour cinq millions ; la Banque industrielle, de San Francisco, pour un million et demi ; puis le menu fretin des maisons de troisième ordre.

D'autre part, et sans attendre ces nouvelles, les contrecoups naturels de l'événement se déchaînaient avec fureur.

Le marché de San Francisco, si lourd le matin, à dire d'experts, ne l'était certes pas à deux heures ! Quels soubresauts ! quelles hausses ! quel déchaînement effréné de la spéculation !

Hausse sur les aciers, qui montent de minute en minute ! Hausse sur les houilles ! Hausse sur les actions de toutes les fonderies de l'Union américaine ! Hausse sur les produits fabriqués de tout genre de l'industrie du fer ! Hausse aussi sur les terrains de France-Ville. Tombés à zéro, disparus de la cote, depuis la déclaration de guerre, ils se trouvèrent subitement portés à cent quatre-vingts dollars l'âcre demandé !

Dès le soir même, les boutiques à nouvelles furent prises d'assaut. Mais le *Herald* comme la *Tribune*, l'*Alto* comme le *Guardian*, l'*Echo* comme le *Globe*, eurent beau inscrire en caractères gigantesques les maigres informations qu'ils avaient pu recueillir, ces informations se réduisaient, en somme, presque à néant.

Tout ce qu'on savait, c'est que, le 25 septembre, une traite de huit millions de dollars, acceptée par Herr Schultze, tirée par Jackson, Elder & Co, de Buffalo, ayant été présentée à Schring, Strauss & Co, banquiers du Roi de l'Acier, à New York, ces messieurs avaient constaté que la balance portée au crédit de leur client était insuffisante pour parer à cet énorme paiement, et lui avaient immédiatement donné avis télégraphique du fait, sans recevoir de réponse ; qu'ils avaient alors recouru à leurs livres et constaté avec stupéfaction que, depuis treize jours, aucune lettre et aucune valeur ne leur étaient parvenues de Stahlstadt ; qu'à dater de ce moment les traites et les chèques tirés par Herr Schultze sur leur caisse s'étaient accumulés quotidiennement pour subir le sort commun et retourner à leur lieu d'origine avec la mention << No effects >> (pas de fonds).

Pendant quatre jours, les demandes de renseignements les télégrammes inquiets, les questions furieuses, s'étaient abattus d'une part sur la maison de banque, de l'autre sur Stahlstadt.

Enfin, une réponse décisive était arrivée.

<< Herr Schultze disparu depuis le 17 septembre, disait le télégramme. Personne ne peut donner la moindre lueur sur ce mystère. Il n'a pas laissé d'ordres, et les caisses de secteur sont vides. >>

Dès lors, il n'avait plus été possible de dissimuler la vérité. Des créanciers principaux avaient pris peur et déposé leurs effets au tribunal de commerce. La déconfiture s'était dessinée en quelques heures avec la rapidité de la foudre, entraînant avec elle son cortège de ruines secondaires. A midi, le 13 octobre, le total des créances connues était de quarante-sept millions de dollars. Tout faisait prévoir que, avec les créances complémentaires, le passif approcherait de soixante millions.

Voilà ce qu'on savait et ce que tous les journaux racontaient, à quelques amplifications près. Il va sans dire qu'ils annonçaient tous pour le lendemain les renseignements les plus inédits et les plus spéciaux.

Et, de fait, il n'en était pas un qui n'eût dès la première heure expédié ses correspondants sur les routes de Stahlstadt.

Dès le 14 octobre au soir, la Cité de l'Acier s'était vue investie par une véritable armée de reporters, le carnet ouvert et le crayon au vent. Mais cette armée vint se briser comme une vague contre l'enceinte extérieure de Stahlstadt. La consigne était toujours maintenue, et les reporters eurent beau mettre en oeuvre tous les moyens possibles de séduction, il leur fut impossible de la faire plier.

Ils purent, toutefois, constater que les ouvriers ne savaient rien et que rien n'était changé dans la routine de leur section. Les contremaîtres avaient seulement annoncé la veille, par ordre supérieur, qu'il n'y avait plus de fonds aux caisses particulières, ni d'instructions venues du Bloc central, et qu'en conséquence les travaux seraient suspendus le samedi suivant, sauf avis contraire.

Tout cela, au lieu d'éclairer la situation, ne faisait que la compliquer. Que Herr Schultze eût disparu depuis près d'un mois, cela ne faisait doute pour personne. Mais quelle était la cause et la portée de cette disparition, c'est ce que personne ne savait. Une vague impression que le mystérieux personnage allait reparaître d'une minute à l'autre dominait encore obscurément les inquiétudes.

A l'usine, pendant les premiers jours, les travaux avaient continué comme à l'ordinaire, en vertu de la vitesse acquise. Chacun avait poursuivi sa tâche partielle dans l'horizon limité de sa section. Les caisses particulières avaient payé les salaires tous les samedis. La caisse principale avait fait face jusqu'à ce jour aux nécessités locales. Mais la centralisation était poussée à Stahlstadt à un trop haut degré de perfection, le maître s'était réservé une trop absolue surintendance de toutes les affaires, pour que son absence n'entraînât pas, dans un temps très court, un arrêt forcé de la machine. C'est ainsi que, du 17 septembre, jour où pour la dernière fois, le Roi de l'Acier avait signé des ordres, jusqu'au 13 octobre, où la nouvelle de la suspension des paiements avait éclaté comme un coup de foudre, des milliers de lettres - un grand nombre contenaient certainement des valeurs considérables - , passées par la poste de Stahlstadt, avaient été déposées à la boîte du Bloc central, et, sans nul doute, étaient arrivées au cabinet de Herr Schultze. Mais lui seul se réservait le droit de les ouvrir, de les annoter d'un coup de crayon rouge et d'en transmettre le contenu au caissier principal.

Les fonctionnaires les plus élevés de l'usine n'auraient jamais songé seulement à sortir de leurs attributions régulières. Investis en face de leurs subordonnés d'un pouvoir presque absolu, ils étaient chacun, vis-à-vis de Herr Schultze - et même vis-à-vis de son souvenir - , comme autant d'instruments sans autorité, sans initiative, sans voix au chapitre. Chacun s'était donc cantonné dans la responsabilité étroite de son mandat, avait attendu, temporisé, << vu venir >> les événements.

A la fin, les événements étaient venus. Cette situation singulière s'était prolongée jusqu'au moment où les principales maisons intéressées, subitement saisies d'alarme, avaient télégraphié, sollicité une réponse, réclamé, protesté, enfin pris leurs précautions légales. Il avait fallu du temps pour en arriver là. On ne se décida pas aisément à soupçonner une prospérité si notoire de n'avoir que des pieds d'argile. Mais le fait était maintenant patent : Herr Schultze s'était dérobé à ses créanciers.

C'est tout ce que les reporters purent arriver à savoir. Le célèbre Meiklejohn lui-même, illustre pour avoir réussi à soutirer des aveux politiques au président Grant l'homme le plus taciturne de son siècle, l'infatigable Blunderbuss, fameux pour avoir le premier, lui simple correspondant du *World*, annoncé au tsar la grosse nouvelle de la capitulation de Plewna, ces grands hommes du reportage n'avaient pas été cette fois plus heureux que leurs confrères. Ils étaient obligés de s'avouer à eux-mêmes que la *Tribune* et le *World* ne pourraient encore donner le dernier mot de la faillite Schultze.

Ce qui faisait de ce sinistre industriel un événement presque unique, c'était cette situation bizarre de Stahlstadt, cet état de ville indépendante et isolée qui ne permettait aucune enquête régulière et légale. La signature de Herr Schultze était, il est vrai, protestée à New York, et ses créanciers avaient toute raison de penser que l'actif représenté par l'usine pouvait suffire dans une certaine mesure à les indemniser. Mais à quel tribunal s'adresser pour en obtenir la saisie ou la mise sous séquestre ? Stahlstadt était restée un territoire spécial, non classé encore, où tout appartenait à Herr Schultze. Si seulement il avait laissé un représentant, un conseil d'administration, un substitut ! Mais rien, pas même un tribunal, pas même un conseil judiciaire ! Il était à lui seul le roi, le grand juge, le général en chef, le notaire, l'avoué, le tribunal de commerce de sa ville. Il avait réalisé en sa personne l'idéal de la centralisation. Aussi, lui absent, on se trouvait en face du néant pur et simple, et tout cet édifice formidable s'écroulait comme un château de cartes.

En toute autre situation, les créanciers auraient pu former un syndicat, se substituer à Herr Schultze, étendre la main sur son actif, s'emparer de la direction des affaires. Selon toute apparence, ils auraient reconnu qu'il ne manquait, pour faire fonctionner la machine, qu'un peu d'argent peut-être et un pouvoir régulateur.

Mais rien de tout cela n'était possible. L'instrument légal faisait défaut pour opérer cette substitution. On se trouvait arrêté par une barrière morale, plus infranchissable, s'il est possible, que les circonvallations élevées autour de la Cité de l'Acier. Les infortunés créanciers voyaient le gage de leur créance, et ils se trouvaient dans l'impossibilité de le saisir.

Tout ce qu'ils purent faire fut de se réunir en assemblée générale, de se concerter et d'adresser une requête au Congrès pour lui demander de prendre leur cause en main, d'épouser les intérêts de ses nationaux, de prononcer l'annexion de Stahlstadt au territoire américain et de faire rentrer ainsi cette création monstrueuse dans le droit commun de la civilisation. Plusieurs membres du Congrès étaient personnellement intéressés dans l'affaire ; la requête, par plus d'un côté, séduisait le caractère américain, et il y avait lieu de penser qu'elle serait couronnée d'un plein succès. Malheureusement, le Congrès n'était pas en session, et de longs délais étaient à redouter avant que l'affaire pût lui être soumise.

En attendant ce moment, rien n'allait plus à Stahlstadt et les fourneaux s'éteignaient un à un.

Aussi la consternation était-elle profonde dans cette population de dix mille familles qui vivaient de l'usine. Mais que faire ? Continuer le travail sur la foi d'un salaire qui mettrait peut-être six mois à venir, ou qui ne viendrait pas du tout ? Personne n'en était d'avis. Quel travail, d'ailleurs ? La source des commandes s'était tarie en même temps que les autres. Tous les clients de Herr Schultze attendaient pour reprendre leurs relations, la solution légale. Les chefs de section, ingénieurs et contremaîtres, privés d'ordres, ne pouvaient agir.

Il y eut des réunions, des meetings, des discours, des projets. Il n'y eut pas de plan arrêté, parce qu'il n'y en avait pas de possible. Le chômage entraîna bientôt avec lui son cortège de misères, de désespoirs et de vices. L'atelier vide, le cabaret se remplissait. Pour chaque cheminée qui avait cessé de fumer à l'usine, on vit naître un cabaret dans les villages d'alentour.

Les plus sages des ouvriers, les plus avisés, ceux qui avaient su prévoir les jours difficiles, épargner une réserve, se hâtèrent de fuir avec armes et bagages, - les outils, la literie, chère au coeur de la ménagère, et les enfants joufflus, ravis par le spectacle du monde qui se révélait à eux par la portière du wagon. Ils partirent, ceux-là, s'éparpillèrent aux quatre coins de l'horizon, eurent bientôt retrouvé, l'un à l'est, celui-ci au sud, celui-là au nord, une autre usine, une autre enclume, un autre foyer...

Mais pour un, pour dix qui pouvaient réaliser ce rêve, combien en était-il que la misère clouait à la glèbe ! Ceux-là restèrent, l'oeil cave et le coeur navré !

Ils restèrent, vendant leurs pauvres hardes à cette nuée d'oiseaux de proie à face humaine qui s'abat d'instinct sur tous les grands désastres, acculés en quelques jours aux expédients suprêmes, bientôt privés de crédit comme de salaire, d'espoir comme de travail, et voyant s'allonger devant eux, noir comme l'hiver qui allait s'ouvrir, un avenir de misère !

XVI   DEUX FRANÇAIS CONTRE UNE VILLE

Lorsque la nouvelle de la disparition de Schultze arriva à France-Ville, le premier mot de Marcel avait été :

<< Si ce n'était qu'une ruse de guerre ? >>

Sans doute, à la réflexion, il s'était bien dit que les résultats d'une telle ruse eussent été si graves pour Stahlstadt, qu'en bonne logique l'hypothèse était inadmissible. Mais il s'était dit encore que la haine ne raisonne pas, et que la haine exaspérée d'un homme tel que Herr Schultze devait, à un moment donné, le rendre capable de tout sacrifier à sa passion. Quoi qu'il en pût être, cependant, il fallait rester sur le qui-vive.

A sa requête, le Conseil de défense rédigea immédiatement une proclamation pour exhorter les habitants à se tenir en garde contre les fausses nouvelles semées par l'ennemi dans le but d'endormir sa vigilance.

Les travaux et les exercices poussés avec plus d'ardeur que jamais, accentuèrent la réplique que France-Ville jugea convenable d'adresser à ce qui pouvait à toute force n'être qu'une manoeuvre de Herr Schultze. Mais les détails, vrais ou faux, apportés par les journaux de San Francisco, de Chicago et de New York, les conséquences financières et commerciales de la catastrophe de Stahlstadt, tout cet ensemble de preuves insaisissables, séparément sans force, si puissantes par leur accumulation, ne permit plus de doute...

Un beau matin, la cité du docteur se réveilla définitivement sauvée, comme un dormeur qui échappe à un mauvais rêve par le simple fait de son réveil. Oui ! France-Ville était évidemment hors de danger, sans avoir eu à coup férir, et ce fut Marcel, arrivé à une conviction absolue, qui lui en donna la nouvelle par tous les moyens de publicité dont il disposait.

Ce fut alors un mouvement universel de détente et de soulagement. On se serrait les mains, on se félicitait, on s'invitait à dîner. Les femmes exhibaient de fraîches toilettes, les hommes se donnaient momentanément congé d'exercices, de manoeuvres et de travaux. Tout le monde était rassuré, satisfait, rayonnant. On aurait dit une ville de convalescents.

Mais, le plus content de tous, c'était sans contredit le docteur Sarrasin. Le digne homme se sentait responsable du sort de tous ceux qui étaient venus avec confiance se fixer sur son territoire et se mettre sous sa protection. Depuis un mois, la crainte de les avoir entraînés à leur perte, lui qui n'avait en vue que leur bonheur, ne lui avait pas laissé un moment de repos. Enfin, il était déchargé d'une si terrible inquiétude et respirait à l'aise.

Cependant, le danger commun avait uni plus intimement tous les citoyens. Dans toutes les classes, on s'était rapproché davantage, on s'était reconnus frères, animés de sentiments semblables, touchés par les mêmes intérêts. Chacun avait senti s'agiter dans son coeur un être nouveau. Désormais, pour les habitants de France-Ville, la << patrie >> était née. On avait craint, on avait souffert pour elle ; on avait mieux senti combien on l'aimait.

Les résultats matériels de la mise en état de défense furent aussi tout à l'avantage de la cité. On avait appris à connaître ses forces. On n'aurait plus à les improviser. On était plus sûr de soi. A l'avenir, à tout événement, on serait prêt.

Enfin, jamais le sort de l'oeuvre du docteur Sarrasin ne s'était annoncé si brillant. Et, chose rare, on ne se montra pas ingrat envers Marcel. Encore bien que le salut de tous n'eût pas été son ouvrage, des remerciements publics furent votés au jeune ingénieur comme à l'organisateur de la défense, à celui au dévouement duquel la ville aurait dû de ne pas périr, si les projets de Herr Schultze avaient été mis à exécution.

Marcel, cependant, ne trouvait pas que son rôle fût terminé. Le mystère qui environnait Stahlstadt pouvait encore receler un danger, pensait-il. Il ne se tiendrait pour satisfait qu'après avoir porté une lumière complète au milieu même des ténèbres qui enveloppaient encore la Cité de l'Acier.

Il résolut donc de retourner à Stahlstadt, et de ne reculer devant rien pour avoir le dernier mot de ses derniers secrets.

Le docteur Sarrasin essaya bien de lui représenter que l'entreprise serait difficile, hérissée de dangers, peut-être ; qu'il allait faire là une sorte de descente aux enfers ; qu'il pouvait trouver on ne sait quels abîmes cachés sous chacun de ses pas... Herr Schultze, tel qu'il le lui avait dépeint, n'était pas homme à disparaître impunément pour les autres, à s'ensevelir seul sous les ruines de toutes ses espérances... On était en droit de tout redouter de la dernière pensée d'un tel personnage... Elle ne pouvait rappeler que l'agonie terrible du requin !...

<< C'est précisément parce que je pense, cher docteur, que tout ce que vous imaginez est possible, lui répondit Marcel, que je crois de mon devoir d'aller à Stahlstadt. C'est une bombe dont il m'appartient d'arracher la mèche avant qu'elle n'éclate, et je vous demanderai même la permission d'emmener Octave avec moi.

- Octave ! s'écria le docteur.

- Oui ! C'est maintenant un brave garçon, sur lequel on peut compter, et je vous assure que cette promenade lui fera du bien !

- Que Dieu vous protège donc tous les deux ! >> répondit le vieillard ému en l'embrassant.

Le lendemain matin, une voiture, après avoir traversé les villages abandonnés, déposait Marcel et Octave à la porte de Stahlstadt. Tous deux étaient bien équipés, bien armés, et très décidés à ne pas revenir sans avoir éclairci ce sombre mystère.

Ils marchaient côte à côte sur le chemin de ceinture extérieur qui faisait le tour des fortifications, et la vérité, dont Marcel s'était obstiné à douter jusqu'à ce moment, se dessinait maintenant devant lui.

L'usine était complètement arrêtée, c'était évident. De cette route qu'il longeait avec Octave, sous le ciel noir, sans une étoile au ciel, il aurait aperçu, jadis, la lumière du gaz, l'éclair parti de la baïonnette d'une sentinelle, mille signes de vie désormais absents. Les fenêtres illuminées des secteurs se seraient montrées comme autant de verrières étincelantes. Maintenant, tout était sombre et muet. La mort seule semblait planer sur la cité, dont les hautes cheminées se dressaient à l'horizon comme des squelettes. Les pas de Marcel et de son compagnon sur la chaussée résonnaient dans le vide. L'expression de solitude et de désolation était si forte, qu'Octave ne put s'empêcher de dire :

<< C'est singulier, je n'ai jamais entendu un silence pareil à celui-ci ! On se croirait dans un cimetière ! >>

Il était sept heures, lorsque Marcel et Octave arrivèrent au bord du fossé, en face de la principale porte de Stahlstadt. Aucun être vivant ne se montrait sur la crête de la muraille, et, des sentinelles qui autrefois s'y dressaient de distance en distance, comme autant de poteaux humains, il n'y avait plus la moindre trace. Le pont-levis était relevé, laissant devant la porte un gouffre large de cinq à six mètres.

Il fallut plus d'une heure pour réussir à amarrer un bout de câble, en le lançant à tour de bras à l'une des poutrelles. Après bien des peines pourtant, Marcel y parvint, et Octave, se suspendant à la corde, put se hisser à la force des poignets jusqu'au toit de la porte. Marcel lui fit alors passer une à une les armes et munitions ; puis, il prit à son tour le même chemin.

Il ne resta plus alors qu'à ramener le câble de l'autre côté de la muraille, à faire descendre tous les *impedimenta* comme on les avait hissés, et, enfin, à se laisser glisser en bas.

Les deux jeunes gens se trouvèrent alors sur le chemin de ronde que Marcel se rappelait avoir suivi le premier jour de son entrée à Stahlstadt. Partout la solitude et le silence le plus complet. Devant eux s'élevait, noire et muette, la masse imposante des bâtiments, qui, de leurs mille fenêtres vitrées, semblaient regarder ces intrus comme pour leur dire :

<< Allez-vous-en !... Vous n'avez que faire de vouloir pénétrer nos secrets ! >>

Marcel et Octave tinrent conseil.

<< Le mieux est d'attaquer la porte O, que je connais >>, dit Marcel.

Ils se dirigèrent vers l'ouest et arrivèrent bientôt devant l'arche monumentale qui portait à son front la lettre O. Les deux battants massifs de chêne, à gros clous d'acier, étaient fermés. Marcel s'en approcha, heurta à plusieurs reprises avec un pavé qu'il ramassa sur la chaussée.

L'écho seul lui répondit.

<< Allons ! à l'ouvrage ! >> cria-t-il à Octave.

Il fallut recommencer le pénible travail du lancement de l'amarre par-dessus la porte, afin de rencontrer un obstacle où elle pût s'accrocher solidement. Ce fut difficile. Mais, enfin, Marcel et Octave réussirent à franchir la muraille, et se trouvèrent dans l'axe du secteur O.

<< Bon ! s'écria Octave, à quoi bon tant de peines ? Nous voilà bien avancés ! Quand nous avons franchi un mur, nous en trouvons un autre devant nous !

- Silence dans les rangs ! répondit Marcel... Voilà justement mon ancien atelier. Je ne serai pas fâché de le revoir et d'y prendre certains outils dont nous aurons certainement besoin, sans oublier quelques sachets de dynamite. >>

C'était la grande halle de coulée où le jeune Alsacien avait été admis lors de son arrivée à l'usine. Qu'elle était lugubre, maintenant, avec ses fourneaux éteints, ses rails rouillés, ses grues poussiéreuses qui levaient en l'air leurs grands bras éplorés comme autant de potences ! Tout cela donnait froid au coeur, et Marcel sentait la nécessité d'une diversion.

<< Voici un atelier qui t'intéressera davantage >>, dit-il à Octave en le précédant sur le chemin de la cantine.

Octave fit un signe d'acquiescement, qui devint un signe de satisfaction, lorsqu'il aperçut, rangés en bataille sur une tablette de bois, un régiment de flacons rouges, jaunes et verts. Quelques boîtes de conserve montraient aussi leurs étuis de fer-blanc, poinçonnés aux meilleures marques. Il y avait là de quoi faire un déjeuner dont le besoin, d'ailleurs, se faisait sentir. Le couvert fut donc mis sur le comptoir d'étain, et les deux jeunes gens reprirent des forces pour continuer leur expédition.

Marcel, tout en mangeant, songeait à ce qu'il avait à faire. Escalader la muraille du Bloc central, il n'y avait pas à y songer. Cette muraille était prodigieusement haute, isolée de tous les autres bâtiments, sans une saillie à laquelle on pût accrocher une corde. Pour en trouver la porte - porte probablement unique - , il aurait fallu parcourir tous les secteurs, et ce n'était pas une opération facile. Restait l'emploi de la dynamite, toujours bien chanceux, car il paraissait impossible que Herr Schultze eût disparu sans semer d'embûches le terrain qu'il abandonnait, sans opposer des contre-mines aux mines que ceux qui voudraient s'emparer de Stahlstadt ne manqueraient pas d'établir. Mais rien de tout cela n'était pour faire reculer Marcel.

Voyant Octave refait et reposé, Marcel se dirigea avec lui vers le bout de la rue qui formait l'axe du secteur, jusqu'au pied de la grande muraille en pierre de taille.

<< Que dirais-tu d'un boyau de mine là-dedans ? demanda-t-il. - Ce sera dur, mais nous ne sommes pas des fainéants ! >> répondit Octave, prêt à tout tenter.

Le travail commença. Il fallut déchausser la base de la muraille, introduire un levier dans l'interstice de deux pierres, en détacher une, et enfin, à l'aide d'un foret, opérer la percée de plusieurs petits boyaux parallèles. A dix heures, tout était terminé, les saucissons de dynamite étaient en place, et la mèche fut allumée.

Marcel savait qu'elle durerait cinq minutes, et comme il avait remarqué que la cantine, située dans un sous-sol, formait une véritable cave voûtée, il vint s'y réfugier avec Octave.

Tout à coup, l'édifice et la cave même furent secoués comme par l'effet d'un tremblement de terre. Une détonation formidable, pareille à celle de trois ou quatre batteries de canons tonnant à la fois, déchira les airs, suivant de près la secousse. Puis, après deux à trois secondes, une avalanche de débris projetés de tous les côtés retomba sur le sol.

Ce fut, pendant quelques instants, un roulement continu de toits s'effondrant, de poutres craquant, de murs s'écroulant, au milieu des cascades claires des vitres cassées.

Enfin, cet horrible vacarme prit fin. Octave et Marcel quittèrent alors leur retraite.

Si habitué qu'il fût aux prodigieux effets des substances explosives, Marcel fut émerveillé des résultats qu'il constata. La moitié du secteur avait sauté, et les murs démantelés de tous les ateliers voisins du Bloc central ressemblaient à ceux d'une ville bombardée. De toutes parts les décombres amoncelés, les éclats de verre et les plâtres couvraient le sol, tandis que des nuages de poussière, retombant lentement du ciel où l'explosion les avait projetés, s'étalaient comme une neige sur toutes ces ruines.

Marcel et Octave coururent à la muraille intérieure. Elle était détruite aussi sur une largeur de quinze à vingt mètres, et, de l'autre côté de la brèche, l'ex-dessinateur du Bloc central aperçut la cour, à lui bien connue, où il avait passé tant d'heures monotones.

Du moment où cette cour n'était plus gardée, la grille de fer qui l'entourait n'était pas infranchissable... Elle fut bientôt franchie.

Partout le même silence.

Marcel passa en revue les ateliers où jadis ses camarades admiraient ses épures. Dans un coin, il retrouva, à demi ébauché sur sa planche, le dessin de machine à vapeur qu'il avait commencé, lorsqu'un ordre de Herr Schultze l'avait appelé au parc. Au salon de lecture, il revit les journaux et les livres familiers.

Toutes choses avaient gardé la physionomie d'un mouvement suspendu, d'une vie interrompue brusquement.

Les deux jeunes gens arrivèrent à la limite intérieure du Bloc central et se trouvèrent bientôt au pied de la muraille qui devait, dans la pensée de Marcel, les séparer du parc.

<< Est-ce qu'il va falloir encore faire danser ces moellons-là ? lui demanda Octave.

- Peut-être... mais, pour entrer, nous pourrions d'abord chercher une porte qu'une simple fusée enverrait en l'air. >>

Tous deux se mirent à tourner autour du parc en longeant la muraille. De temps à autre, ils étaient obligés de faire un détour, de doubler un corps de bâtiment qui s'en détachait comme un éperon, ou d'escalader une grille. Mais ils ne la perdaient jamais de vue, et ils furent bientôt récompensés de leurs peines. Une petite porte, basse et louche, qui interrompait le muraillement, leur apparut.

En deux minutes, Octave eut percé un trou de vrille à travers les planches de chêne. Marcel, appliquant aussitôt son oeil à cette ouverture, reconnut, à sa vive satisfaction, que, de l'autre côté, s'étendait le parc tropical avec sa verdure éternelle et sa température de printemps.

<< Encore une porte à faire sauter, et nous voilà dans la place ! dit-il à son compagnon.

- Une fusée pour ce carré de bois, répondit Octave, ce serait trop d'honneur ! >>

Et il commença d'attaquer la poterne à grands coups de pic.

Il l'avait à peine ébranlée, qu'on entendit une serrure intérieure grincer sous l'effort d'une clef, et deux verrous glisser dans leurs gardes.

La porte s'entrouvrit, retenue en dedans par une grosse chaîne.

<< *Wer da ?* >> (Qui va là ?) dit une voix rauque.

XVII EXPLICATIONS A COUPS DE FUSIL

Les deux jeunes gens ne s'attendaient à rien moins qu'à une pareille question. Ils en furent plus surpris véritablement qu'ils ne l'auraient été d'un coup de fusil.

De toutes les hypothèses que Marcel avait imaginées au sujet de cette ville en léthargie, la seule qui ne se fût pas présentée à son esprit, était celle-ci : un être vivant lui demandant tranquillement compte de sa visite. Son entreprise, presque légitime, si l'on admettait que Stahlstadt fût complètement déserte, revêtait une tout autre physionomie, du moment où la cité possédait encore des habitants. Ce qui n'était, dans le premier cas, qu'une sorte d'enquête archéologique, devenait, dans le second, une attaque à main armée avec effraction.

Toutes ces idées se présentèrent à l'esprit de Marcel avec tant de force, qu'il resta d'abord comme frappé de mutisme.

<< *Wer da ?* >> répéta la voix, avec un peu d'impatience.

L'impatience n'était évidemment pas tout à fait déplacée. Franchir pour arriver à cette porte des obstacles si variés, escalader des murailles et faire sauter des quartiers de ville, tout cela pour n'avoir rien à répondre lorsqu'on vous demande simplement :

<< Qui va là ? >> cela ne laissait pas d'être surprenant.

Une demi-minute suffit à Marcel pour se rendre compte de la fausseté de sa position, et aussitôt, s'exprimant en allemand :

<< Ami ou ennemi à votre gré ! répondit-il. Je demande à parler à Herr Schultze. >>

Il n'avait pas articulé ces mots qu'une exclamation de surprise se fit entendre à travers la porte entrebâillée :

<< *Ach !* >>

Et, par l'ouverture, Marcel put apercevoir un coin de favoris rouges, une moustache hérissée, un oeil hébété, qu'il reconnut aussitôt. Le tout appartenait à Sigimer, son ancien garde du corps.

<< Johann Schwartz ! s'écria le géant avec une stupéfaction mêlée de joie. Johann Schwartz ! >>

Le retour inopiné de son prisonnier paraissait l'étonner presque autant qu'il avait dû l'être de sa disparition mystérieuse. << Puis-je parler à Herr Schultze ? >> répéta Marcel, voyant qu'il ne recevait d'autre réponse que cette exclamation.

Sigimer secoua la tête.

<< Pas d'ordre ! dit-il. Pas entrer ici sans ordre !

- Pouvez-vous du moins faire savoir à Herr Schultze que je suis là et que je désire l'entretenir ?

- Herr Schultze pas ici ! Herr Schultze parti ! répondit le géant avec une nuance de tristesse.

- Mais où est-il ? Quand reviendra-t-il ?

- Ne sais ! Consigne pas changée ! Personne entrer sans ordre ! >>

Ces phrases entrecoupées furent tout ce que Marcel put tirer de Sigimer, qui, à toutes les questions, opposa un entêtement bestial.

Octave finit par s'impatienter.

<< A quoi bon demander la permission d'entrer ? dit-il. Il est bien plus simple de la prendre ! >>

Et il se rua contre la porte pour essayer de la forcer. Mais la chaîne résista, et une poussée, supérieure à la sienne, eut bientôt refermé le battant, dont les deux verrous furent successivement tirés.

<< Il faut qu'ils soient plusieurs derrière cette planche ! >> s'écria Octave, assez humilié de ce résultat.

Il appliqua son oeil au trou de vrille, et, presque aussitôt, il poussa un cri de surprise :

<< Il y a un second géant !

- Arminius ? >> répondit Marcel.

Et il regarda à son tour par le trou de vrille.

<< Oui ! c'est Arminius, le collègue de Sigimer ! >>

Tout à coup, une autre voix, qui semblait venir du ciel, fit lever la tête à Marcel.

<< *Wer da ?* >> disait la voix.

C'était celle d'Arminius, cette fois.

La tête du gardien dépassait la crête de la muraille, qu'il devait avoir atteinte à l'aide d'une échelle.

<< Allons, vous le savez bien, Arminius ! répondit Marcel. Voulez-vous ouvrir, oui ou non ? >>

Il n'avait pas achevé ces mots que le canon d'un fusil se montra sur la crête du mur. Une détonation retentit, et une balle vint raser le bord du chapeau d'Octave.

<< Eh bien, voilà pour te répondre ! >> s'écria Marcel, qui, introduisant un saucisson de dynamite sous la porte, la fit voler en éclats.

A peine la brèche était-elle faite, que Marcel et Octave, la carabine au poing et le couteau aux dents, s'élancèrent dans le parc.

Contre le pan du mur, lézardé par l'explosion, qu'ils venaient de franchir, une échelle était encore dressée, et, au pied de cette échelle, on voyait des traces de sang. Mais ni Sigimer ni Arminius n'étaient là pour défendre le passage.

Les jardins s'ouvraient devant les deux assiégeants dans toute la splendeur de leur végétation. Octave était émerveillé.

<< C'était magnifique !... dit-il. Mais attention !... Déployons nous en tirailleurs !... Ces mangeurs de choucroute pourraient bien s'être tapis derrière les buissons ! >>

Octave et Marcel se séparèrent, et, prenant chacun l'un des côtés de l'allée qui s'ouvrait devant eux ils avancèrent avec prudence, d'arbre en arbre, d'obstacle en obstacle, selon les principes de la stratégie individuelle la plus élémentaire.

La précaution était sage. Ils n'avaient pas fait cent pas, qu'un second coup de fusil éclata. Une balle fit sauter l'écorce d'un arbre que Marcel venait à peine de quitter.

<< Pas de bêtises !... Ventre à terre ! >> dit Octave à demi voix.

Et, joignant l'exemple au précepte, il rampa sur les genoux et sur les coudes jusqu'à un buisson épineux qui bordait le rond-point au centre duquel s'élevait la Tour du Taureau. Marcel, qui n'avait pas suivi assez promptement cet avis, essuya un troisième coup de feu et n'eut que le temps de se jeter derrière le tronc d'un palmier pour en éviter un quatrième.

<< Heureusement que ces animaux-là tirent comme des conscrits ! cria Octave à son compagnon, séparé de lui par une trentaine de pas.

- Chut ! répondit Marcel des yeux autant que des lèvres. Vois-tu la fumée qui sort de cette fenêtre, au rez-de-chaussée ?... C'est là qu'ils sont embusqués, les bandits !... Mais je veux leur jouer un tour de ma façon ! >>

En un clin d'oeil, Marcel eut coupé derrière le buisson un échalas de longueur raisonnable ; puis, se débarrassant de sa vareuse, il la jeta sur ce bâton, qu'il surmonta de son chapeau, et il fabriqua ainsi un mannequin présentable. Il le planta alors à la place qu'il occupait, de manière à laisser visibles le chapeau et les deux manches, et, se glissant vers Octave, il lui siffla dans l'oreille :

<< Amuse-les par ici en tirant sur la fenêtre, tantôt de ta place, tantôt de la mienne ! Moi, je vais les prendre à revers ! >>

Et Marcel, laissant Octave tirailler, se coula discrètement dans les massifs qui faisaient le tour du rond-point.

Un quart d'heure se passa, pendant lequel une vingtaine de balles furent échangées sans résultat.

La veste de Marcel et son chapeau étaient littéralement criblés ; mais, personnellement, il ne s'en trouvait pas plus mal. Quant aux persiennes du rez-de-chaussée, la carabine d'Octave les avait mises en miettes.

Tout à coup, le feu cessa, et Octave entendit distinctement ce cri étouffé :

<< A moi !... Je le tiens !... >>

Quitter son abri, s'élancer à découvert dans le rond-point, monter à l'assaut de la fenêtre, ce fut pour Octave l'affaire d'une demi-minute. Un instant après, il tombait dans le salon.

Sur le tapis, enlacés comme deux serpents, Marcel et Sigimer luttaient désespérément. Surpris par l'attaque soudaine de son adversaire, qui avait ouvert à l'improviste une porte intérieure, le géant n'avait pu faire usage de ses armes. Mais sa force herculéenne en faisait un redoutable adversaire, et, quoique jeté à terre, il n'avait pas perdu l'espoir de reprendre le dessus. Marcel, de son côté, déployait une vigueur et une souplesse remarquables.

La lutte eût nécessairement fini par la mort de l'un des combattants, si l'intervention d'Octave ne fat arrivée à point pour amener un résultat moins tragique. Sigimer, pris par les deux bras et désarmé, se vit attaché de manière à ne pouvoir plus faire un mouvement.

<< Et l'autre ? >> demanda Octave.

Marcel montra au bout de l'appartement un sofa sur lequel Arminius était étendu tout sanglant.

<< Est-ce qu'il a reçu une balle ? demanda Octave.

- Oui >>, répondit Marcel.

Puis il s'approcha d'Arminius.

<< Mort ! dit-il.

- Ma foi, le coquin ne l'a pas volé ! s'écria Octave.

- Nous voilà maîtres de la place ! répondit Marcel. Nous allons procéder à une visite sérieuse. D'abord le cabinet de Herr Schultze ! >>

Du salon d'attente où venait de se passer le dernier acte du siège, les deux jeunes gens suivirent l'enfilade d'appartements qui conduisait au sanctuaire du Roi de l'Acier.

Octave était en admiration devant toutes ces splendeurs.

Marcel souriait en le regardant et ouvrait une à une les portes qu'il rencontrait devant lui jusqu'au salon vert et or.

Il s'attendait bien à y trouver du nouveau, mais rien d'aussi singulier que le spectacle qui s'offrit à ses yeux. On eut dit que le bureau central des postes de New York ou de Paris, subitement dévalisé, avait été jeté pêle-mêle dans ce salon. Ce n'étaient de tous côtés que lettres et paquets cachetés, sur le bureau, sur les meubles, sur le tapis. On enfonçait jusqu'à mi-jambe dans cette inondation. Toute la correspondance financière, industrielle et personnelle de Herr Schultze, accumulée de jour en jour dans la boîte extérieure du parc, et fidèlement relevée par Arminius et Sigimer, était là dans le cabinet du maître.

Que de questions, de souffrances, d'attentes anxieuses, de misères, de larmes enfermées dans ces plis muets à l'adresse de Herr Schultze ! Que de millions aussi, sans doute, en papier, en chèques, en mandats, en ordres de tout genre !... Tout cela dormait là, immobilisé par l'absence de la seule main qui eut le droit de faire sauter ces enveloppes fragiles mais inviolables.

<< Il s'agit maintenant, dit Marcel, de retrouver la porte secrète du laboratoire ! >>

Il commença donc à enlever tous les livres de la bibliothèque. Ce fut en vain. Il ne parvint pas à découvrir le passage masqué qu'il avait un jour franchi en compagnie de Herr Schultze. En vain il ébranla un à un tous les panneaux, et, s'armant d'une tige de fer qu'il prit dans la cheminée, il les fit sauter l'un après l'autre ! En vain il sonda la muraille avec l'espoir de l'entendre sonner le creux ! Il fut bientôt évident que Herr Schultze, inquiet de n'être plus seul à posséder le secret de la porte de son laboratoire, l'avait supprimée.

Mais il avait nécessairement dû en faire ouvrir une autre.

<< Où ?... se demandait Marcel. Ce ne peut être qu'ici, puisque c'est ici qu'Arminius et Sigimer ont apporté les lettres ! C'est donc dans cette salle que Herr Schultze a continué de se tenir après mon départ ! Je connais assez ses

habitudes pour savoir qu'en faisant murer l'ancien passage, il aura voulu en avoir un autre à sa portée, à l'abri des regards indiscrets !... Serait-ce une trappe sous le tapis ? >>

Le tapis ne montrait aucune trace de coupure. Il n'en fut pas moins décloué et relevé. Le parquet, examiné feuille à feuille, ne présentait rien de suspect.

<< Qui te dit que l'ouverture est dans cette pièce ? demanda Octave.

- J'en suis moralement sûr ! répondit Marcel.

- Alors il ne me reste plus qu'à explorer le plafond >>, dit Octave en montant sur une chaise.

Son dessein était de grimper jusque sur le lustre et de sonder le tour de la rosace centrale à coups de crosse de fusil.

Mais Octave ne fut pas plus tôt suspendu au candélabre doré, qu'à son extrême surprise, il le vit s'abaisser sous sa main. Le plafond bascula et laissa à découvert un trou béant, d'où une légère échelle d'acier descendit automatiquement jusqu'au ras du parquet.

C'était comme une invitation à monter.

<< Allons donc ! Nous y voilà ! >> dit tranquillement Marcel ; et il s'élança aussitôt sur l'échelle, suivi de près par son compagnon.

XVIII   L'AMANDE DU NOYAU

L'échelle d'acier s'accrochait par son dernier échelon au parquet même d'une vaste salle circulaire, sans communication avec l'extérieur. Cette salle eût été plongée dans l'obscurité la plus complète, si une éblouissante lumière blanchâtre n'eût filtré à travers l'épaisse vitre d'un oeil-de-boeuf, encastré au centre de son plancher de chêne. On eût dit le disque lunaire, au moment où dans son opposition avec le soleil, il apparaît dans toute sa pureté.

Le silence était absolu entre ces murs sourds et aveugles, qui ne pouvaient ni voir ni entendre. Les deux jeunes gens se crurent dans l'antichambre d'un monument funéraire.

Marcel, avant d'aller se pencher sur la vitre étincelante, eut un moment d'hésitation. Il touchait à son but ! De là, il n'en pouvait douter, allait sortir l'impénétrable secret qu'il était venu chercher à Stahlstadt !

Mais son hésitation ne dura qu'un instant. Octave et lui allèrent s'agenouiller près du disque et inclinèrent la tête de manière à pouvoir explorer dans toutes ses parties la chambre placée au-dessous d'eux.

Un spectacle aussi horrible qu'inattendu s'offrit alors à leurs regards.

Ce disque de verre, convexe sur ses deux faces, en forme de lentille, grossissait démesurément les objets que l'on regardait à travers.

Là était le laboratoire secret de Herr Schultze. L'intense lumière qui sortait à travers le disque, comme si c'eût été l'appareil dioptrique d'un phare, venait d'une double lampe électrique brûlant encore dans sa cloche vide d'air, que le courant voltaïque d'une pile puissante n'avait pas cessé d'alimenter. Au milieu de la chambre, dans cette atmosphère éblouissante, une forme humaine, énormément agrandie par la réfraction de la lentille - quelque chose comme un des sphinx du désert libyque - , était assise dans une immobilité de marbre.

Autour de ce spectre, des éclats d'obus jonchaient le sol.

Plus de doute !... C'était Herr Schultze, reconnaissable au rictus effrayant de sa mâchoire, à ses dents éclatantes, mais un Herr Schultze gigantesque, que l'explosion de l'un de ses terribles engins avait à la fois asphyxié et congelé sous l'action d'un froid terrible !

Le Roi de l'Acier était devant sa table, tenant une plume de géant, grande comme une lance, et il semblait écrire encore ! N'eût été le regard atone de ses pupilles dilatées, l'immobilité de sa bouche, on l'aurait cru vivant. Comme ces mammouths que l'on retrouve enfouis dans les glaçons des régions polaires, ce cadavre était là, depuis un mois, caché à tous les yeux. Autour de lui tout était encore gelé, les réactifs dans leurs bocaux, l'eau dans ses récipients, le mercure dans sa cuvette !

Marcel, en dépit de l'horreur de ce spectacle, eut un mouvement de satisfaction en se disant combien il était heureux qu'il eût pu observer du dehors l'intérieur de ce laboratoire, car très certainement Octave et lui auraient été frappés de mort en y pénétrant.

Comment donc s'était produit cet effroyable accident ?

Marcel le devina sans peine, lorsqu'il eut remarqué que les fragments d'obus, épars sur le plancher, n'étaient autres que de petits morceaux de verre. Or, l'enveloppe intérieure, qui contenait l'acide carbonique liquide dans les projectiles asphyxiants de Herr Schultze, vu la pression formidable qu'elle avait à supporter, était faite de ce verre trempé, qui a dix ou douze fois la résistance du verre ordinaire ; mais un des défauts de ce produit, qui était encore tout nouveau, c'est que, par l'effet d'une action moléculaire mystérieuse, il éclate subitement, quelquefois, sans raison apparente. C'est ce qui avait dû arriver. Peut- être même la pression intérieure avait-elle provoqué plus inévitablement encore l'éclatement de l'obus qui avait été déposé dans le laboratoire. L'acide carbonique, subitement décomprimé, avait alors déterminé, en retournant à l'état gazeux, un effroyable abaissement de la température ambiante.

Toujours est-il que l'effet avait dû être foudroyant. Herr Schultze, surpris par la mort dans l'attitude qu'il avait au moment de l'explosion, s'était instantanément momifié au milieu d'un froid de cent degrés au-dessous de zéro.

Une circonstance frappa surtout Marcel, c'est que le Roi de l'Acier avait été frappé pendant qu'il écrivait.

Or, qu'écrivait-il sur cette feuille de papier avec cette plume que sa main tenait encore ? Il pouvait être intéressant de recueillir la dernière pensée, de connaître le dernier mot d'un tel homme.

Mais comment se procurer ce papier ? Il ne fallait pas songer un instant à briser le disque lumineux pour descendre dans le laboratoire. Le gaz acide carbonique, emmagasiné sous une effroyable pression, aurait fait irruption au-dehors, et asphyxié tout être vivant qu'il eût enveloppé de ses vapeurs irrespirables. C'eût été courir à une mort certaine, et, évidemment, les risques étaient hors de proportion avec les avantages que l'on pouvait recueillir de la possession de ce papier.

Cependant, s'il n'était pas possible de reprendre au cadavre de Herr Schultze les dernières lignes tracées par sa main, il était probable qu'on pourrait les déchiffrer, agrandies qu'elles devaient être par la réfraction de la lentille. Le disque n'était-il pas là, avec les puissants rayons qu'il faisait converger sur tous les objets renfermés dans ce laboratoire, si puissamment éclairé par la double lampe électrique ?

Marcel connaissait l'écriture de Herr Schultze, et, après quelques tâtonnements, il parvint à lire les dix lignes suivantes.

Ainsi que tout ce qu'écrivait Herr Schultze, c'était plutôt un ordre qu'une instruction.

<< Ordre à B. K. R. Z. d'avancer de quinze jours l'expédition projetée contre France-Ville. - Sitôt cet ordre reçu, exécuter les mesures par moi prises. - Il faut que l'expérience, cette fois, soit foudroyante et complète. - Ne changez pas un iota à ce que j'ai décidé. - Je veux que dans quinze jours France-Ville soit une cité morte et que pas un de ses habitants ne survive. - Il me faut une Pompéi moderne, et que ce soit en même temps l'effroi et l'étonnement du monde entier. - Mes ordres bien exécutés rendent ce résultat inévitable.

<< Vous m'expédierez les cadavres du docteur Sarrasin et de Marcel Bruckmann. - Je veux les voir et les avoir.

<< SCHULTZ... >>

Cette signature était inachevée ; l'E final et le paraphe habituel y manquaient.

Marcel et Octave demeurèrent d'abord muets et immobiles devant cet étrange spectacle, devant cette sorte d'évocation d'un génie malfaisant, qui touchait au fantastique.

Mais il fallut enfin s'arracher à cette lugubre scène. Les deux amis, très émus, quittèrent donc la salle, située au-dessus du laboratoire.

Là, dans ce tombeau où régnerait l'obscurité complète lorsque la lampe s'éteindrait, faute de courant électrique, le cadavre du Roi de l'Acier allait rester seul, desséché comme une de ces momies des Pharaons que vingt siècles n'ont pu réduire en poussière !...

Une heure plus tard, après avoir délié Sigimer, fort embarrassé de la liberté qu'on lui rendait, Octave et Marcel quittaient Stahlstadt et reprenaient la route de France-Ville, où ils rentraient le soir même.

Le docteur Sarrasin travaillait dans son cabinet, lorsqu'on lui annonça le retour des deux jeunes gens.

<< Qu'ils entrent ! s'écria-t-il, qu'ils entrent vite ! >>

Son premier mot en les voyant tous deux fut :

<< Eh bien ?

- Docteur, répondit Marcel, les nouvelles que nous vous apportons de Stahlstadt vous mettront l'esprit en repos et pour longtemps. Herr Schultze n'est plus ! Herr Schultze est mort !

- Mort ! >> s'écria le docteur Sarrasin.

Le bon docteur demeura pensif quelque temps devant Marcel, sans ajouter un mot.

<< Mon pauvre enfant, lui dit-il après s'être remis, comprends-tu que cette nouvelle qui devrait me réjouir puisqu'elle éloigne de nous ce que j'exècre le plus, la guerre, et la guerre la plus injuste, la moins motivée ! comprends-tu qu'elle m'ait, contre toute raison, serré le coeur ! Ah ! pourquoi cet homme aux facultés puissantes s'était-il constitué notre ennemi ? Pourquoi surtout n'a-t-il pas mis ses rares qualités intellectuelles au service du bien ? Que de forces perdues dont l'emploi eût été utile, si l'on avait pu les associer avec les nôtres et leur donner un but commun ! Voilà ce qui tout d'abord m'a frappé, quand tu m'as dit : "Herr Schultze est mort." Mais, maintenant, raconte- moi, ami, ce que tu sais de cette fin inattendue.

- Herr Schultze, reprit Marcel, a trouvé la mort dans le mystérieux laboratoire qu'avec une habileté diabolique il s'était appliqué à rendre inaccessible de son vivant. Nul autre que lui n'en connaissait l'existence, et nul, par conséquent, n'eût pu y pénétrer même pour lui porter secours. Il a donc été victime de cette incroyable concentration de toutes les forces rassemblées dans ses mains, sur laquelle il avait compté bien à tort pour être à lui seul la clef de toute son oeuvre, et cette concentration, à l'heure marquée de Dieu, s'est soudain tournée contre lui et contre son but !

- Il n'en pouvait être autrement ! répondit le docteur Sarrasin. Herr Schultze était parti d'une donnée absolument erronée. En effet, le meilleur gouvernement n'est-il pas celui dont le chef, après sa mort, peut être le plus facilement remplacé, et qui continue de fonctionner précisément parce que ses rouages n'ont rien de secret ?

- Vous allez voir, docteur, répondit Marcel, que ce qui s'est passé à Stahlstadt est la démonstration, *ipso facto*, de ce que vous venez de dire. J'ai trouvé Herr Schultze assis devant son bureau, point central d'où partaient tous les ordres auxquels obéissait la Cité de l'Acier, sans que jamais un seul eût été discuté La mort lui avait à ce point laissé l'attitude et toutes les apparences de la vie que j'ai cru un instant que ce spectre allait me parler !... Mais l'inventeur a été le martyr de sa propre invention ! Il a été foudroyé par l'un de ces obus qui devaient anéantir notre ville ! Son arme s'est brisée dans sa main, au moment même où il allait tracer la dernière lettre d'un ordre d'extermination ! Ecoutez ! >>

Et Marcel lut à haute voix les terribles lignes, tracées par la main de Herr Schultze, dont il avait pris copie.

Puis, il ajouta :

<< Ce qui d'ailleurs m'eût prouvé mieux encore que Herr Schultze était mort, si j'avais pu en douter plus longtemps, c'est que tout avait cessé de vivre autour de lui ! C'est que tout avait cessé de respirer dans Stahlstadt ! Comme au palais de la Belle au bois dormant, le sommeil avait suspendu toutes les vies, arrêté tous les mouvements ! La paralysie du maître avait du même coup paralysé les serviteurs et s'était étendue jusqu'aux instruments !

- Oui, répondit le docteur Sarrasin, il y a eu, là, justice de Dieu ! C'est en voulant précipiter hors de toute mesure son attaque contre nous, c'est en forçant les ressorts de son action que Herr Schultze a succombé !

- En effet, répondit Marcel ; mais maintenant, docteur, ne pensons plus au passé et soyons tout au présent. Herr Schultze mort, si c'est la paix pour nous, c'est aussi la ruine pour l'admirable établissement qu'il avait créé, et provisoirement, c'est la faillite. Des imprudences, colossales comme tout ce que le Roi de l'Acier imaginait, ont creusé dix abîmes. Aveuglé, d'une part, par ses succès, de l'autre par sa passion contre la France et contre vous, il a fourni d'immenses armements, sans prendre de garanties suffisantes à tout ce qui pouvait nous être ennemi. Malgré cela, et bien que le paiement de la plupart de ses créances puisse se faire attendre longtemps, je crois qu'une main ferme pourrait remettre Stahlstadt sur pied et faire tourner au bien les forces qu'elle avait accumulées pour le mal. Herr Schultze n'a qu'un héritier possible, docteur, et cet héritier, c'est vous. Il ne faut pas laisser périr son oeuvre. On croit trop en ce monde qu'il n'y a que profit à tirer de l'anéantissement d'une force rivale. C'est une grande erreur, et vous tomberez d'accord avec moi, je l'espère, qu'il faut au contraire sauver de cet immense naufrage tout ce qui peut servir au bien de l'humanité. Or, à cette tâche, je suis prêt à me dévouer tout entier.

- Marcel a raison, répondit Octave, en serrant la main de son ami, et me voilà prêt à travailler sous ses ordres, si mon père y consent.

- Je vous approuve, mes chers enfants, dit le docteur Sarrasin. Oui, Marcel, les capitaux ne nous manqueront pas, et, grâce à toi, nous aurons, dans Stahlstadt ressuscitée, un arsenal d'instruments tel que personne au monde ne pensera plus désormais à nous attaquer ! Et, comme, en même temps que nous serons les plus forts, nous tâcherons d'être aussi les plus justes, nous ferons aimer les bienfaits de la paix et de la justice à tout ce qui nous entoure. Ah ! Marcel, que de beaux rêves ! Et quand je sens que par toi et avec toi, je pourrai en voir accomplir une partie, je me demande pourquoi... oui ! pourquoi je n'ai pas deux fils !... pourquoi tu n'es pas le frère d'Octave !... A nous trois, rien ne m'eût paru impossible !... >>

XIX UNE AFFAIRE DE FAMILLE

Peut-être, dans le courant de ce récit, n'a-t-il pas été suffisamment question des affaires personnelles de ceux qui en sont les héros. C'est une raison de plus pour qu'il soit permis d'y revenir et de penser enfin à eux pour eux-mêmes.

Le bon docteur, il faut le dire, n'appartenait pas tellement à l'être collectif, à l'humanité, que l'individu tout entier disparût pour lui, alors même qu'il venait de s'élancer en plein idéal. Il fut donc frappé de la pâleur subite qui venait de couvrir le visage de Marcel à ses dernières paroles. Ses yeux cherchèrent à lire dans ceux du jeune homme le sens caché de cette soudaine émotion. Le silence du vieux praticien interrogeait le silence du jeune ingénieur et attendait peut-être que celui-ci le rompît ; mais Marcel, redevenu maître de lui par un rude effort de volonté, n'avait pas tardé à retrouver tout son sang-froid. Son teint avait repris ses couleurs naturelles, et son attitude n'était plus que celle d'un homme qui attend la suite d'un entretien commencé.

Le docteur Sarrasin, un peu impatienté peut-être de cette prompte reprise de Marcel par lui-même, se rapprocha de son jeune ami ; puis, par un geste familier de sa profession de médecin, il s'empara de son bras et le tint comme il eût fait de celui d'un malade dont il aurait voulu discrètement ou distraitement tâter le pouls.

Marcel s'était laissé faire sans trop se rendre compte de l'intention du docteur, et comme il ne desserrait pas les lèvres :

<< Mon grand Marcel, lui dit son vieil ami, nous reprendrons plus tard notre entretien sur les futures destinées de Stahlstadt. Mais il n'est pas défendu, alors même qu'on se voue à l'amélioration du sort de tous, de s'occuper aussi du sort de ceux qu'on aime, de ceux qui vous touchent de plus près. Eh bien, je crois le moment venu de te raconter ce qu'une jeune fille, dont je te dirai le nom tout à l'heure, répondait, il n'y a pas longtemps encore, à son père et à sa mère, à qui, pour la vingtième fois depuis un an, on venait de la demander en mariage. Les demandes étaient pour la plupart de celles que les plus difficiles auraient eu le droit d'accueillir, et cependant la jeune fille répondait non, et toujours non ! >>

A ce moment, Marcel, d'un mouvement un peu brusque, dégagea son poignet resté jusque-là dans la main du docteur. Mais, soit que celui-ci se sentît suffisamment édifié sur la santé de son patient, soit qu'il ne se fût pas aperçu que le jeune homme lui eût retiré tout à la fois son bras et sa confiance, il continua son récit sans paraître tenir compte de ce petit incident.

<< "Mais enfin, disait à sa fille la mère de la jeune personne dont je te parle, dis-nous au moins les raisons de ces refus multipliés. Education, fortune, situation

honorable, avantages physiques, tout est là ! Pourquoi ces non si fermes, si résolus, si prompts, à des demandes que tu ne te donnes pas même la peine d'examiner ? Tu es moins péremptoire d'ordinaire !"

<< Devant cette objurgations de sa mère, la jeune fille se décida enfin à parler, et alors, comme c'est un esprit net et un coeur droit, une fois résolue à rompre le silence, voici ce qu'elle dit :

<< "Je vous réponds non avec autant de sincérité que j'en mettrais à vous répondre oui, chère maman, si oui était en effet prêt à sortir de mon coeur. Je tombe d'accord avec vous que bon nombre des partis que vous m'offrez sont à des degrés divers acceptables ; mais, outre que j'imagine que toutes ces demandes s'adressent beaucoup plus à ce qu'on appelle le plus beau, c'est-à-dire le plus riche parti de la ville, qu'à ma personne, et que cette idée-là ne serait pas pour me donner l'envie de répondre oui, j'oserai vous dire, puisque vous le voulez, qu'aucune de ces demandes n'est celle que j'attendais, celle que j'attends encore, et j'ajouterai que, malheureusement, celle que j'attends pourra se faire attendre longtemps, si jamais elle arrive !

<< - Eh quoi ! mademoiselle, dit la mère stupéfaite, vous...

<< Elle n'acheva pas sa phrase, faute de savoir comment la terminer, et dans sa détresse, elle tourna vers son mari des regards qui imploraient visiblement aide et secours.

<< Mais, soit qu'il ne tînt pas à entrer dans cette bagarre, soit qu'il trouvât nécessaire qu'un peu plus de lumière se fît entre la mère et la fille avant d'intervenir, le mari n'eut pas l'air de comprendre, si bien que la pauvre enfant, rouge d'embarras et peut-être aussi d'un peu de colère, prit soudain le parti d'aller jusqu'au bout.

<< "Je vous ai dit, chère mère, reprit-elle, que la demande que j'espérais pourrait bien se faire attendre longtemps, et qu'il n'était même pas impossible qu'elle ne se fît jamais. J'ajoute que ce retard, fût-il indéfini, ne saurait ni m'étonner ni me blesser. J'ai le malheur d'être, dit-on, très riche ; celui qui devrait faire cette demande est très pauvre ; alors il ne la fait pas et il a raison. C'est à lui d'attendre...

<< - Pourquoi pas à nous d'arriver ? " dit la mère voulant peut-être arrêter sur les lèvres de sa fille les paroles qu'elle craignait d'entendre.

<< Ce fut alors que le mari intervint.

<< "Ma chère amie, dit-il en prenant affectueusement les deux mains de sa femme, ce n'est pas impunément qu'une mère aussi justement écoutée de sa fille que vous, célèbre devant elle depuis qu'elle est au monde ou peu s'en faut, les louanges d'un beau et brave garçon qui est presque de notre famille, qu'elle fait remarquer à tous la solidité de son caractère, et qu'elle applaudit à ce que dit son mari lorsque celui- ci a l'occasion de vanter à son tour son intelligence hors ligne,

quand il parle avec attendrissement des mille preuves de dévouement qu'il en a reçues ! Si celle qui voyait ce jeune homme, distingué entre tous par son père et par sa mère, ne l'avait pas remarqué à son tour, elle aurait manqué à tous ses devoirs !

<< - Ah ! père ! s'écria alors la jeune fille en se jetant dans les bras de sa mère pour y cacher son trouble, si vous m'aviez devinée, pourquoi m'avoir forcée de parler ?

<< - Pourquoi ? reprit le père, mais pour avoir la joie de t'entendre, ma mignonne, pour être plus assuré encore que je ne me trompais pas, pour pouvoir enfin te dire et te faire dire par ta mère que nous approuvons le chemin qu'a pris ton coeur, que ton choix comble tous nos voeux, et que, pour épargner à l'homme pauvre et fier dont il s'agit de faire une demande à laquelle sa délicatesse répugne, cette demande, c'est moi qui la ferai, - oui ! je la ferai, parce que j'ai lu dans son coeur comme dans le tien ! Sois donc tranquille ! A la première bonne occasion qui se présentera, je me permettrai de demander à Marcel, si, par impossible, il ne lui plairait pas d'être mon gendre !..." >>

Pris à l'improviste par cette brusque péroraison, Marcel s'était dressé sur ses pieds comme s'il eût été mû par un ressort. Octave lui avait silencieusement serré la main pendant que le docteur Sarrasin lui tendait les bras. Le jeune Alsacien était pâle comme un mort. Mais n'est-ce pas l'un des aspects que prend le bonheur, dans les âmes fortes, quand il y entre sans avoir crié : gare !...

XX   CONCLUSION

France-Ville, débarrassée de toute inquiétude, en paix avec tous ses voisins, bien administrée, heureuse, grâce à la sagesse de ses habitants, est en pleine prospérité. Son bonheur, si justement mérité, ne lui fait pas d'envieux, et sa force impose le respect aux plus batailleurs.

La Cité de l'Acier n'était qu'une usine formidable, qu'un engin de destruction redouté sous la main de fer de Herr Schultze ; mais, grâce à Marcel Bruckmann, sa liquidation s'est opérée sans encombre pour personne, et Stahlstadt est devenue un centre de production incomparable pour toutes les industries utiles.

Marcel est, depuis un an, le très heureux époux de Jeanne, et la naissance d'un enfant vient d'ajouter à leur félicité.

Quant à Octave, il s'est mis bravement sous les ordres de son beau-frère, et le seconde de tous ses efforts. Sa soeur est maintenant en train de le marier à l'une de ses amies, charmante d'ailleurs, dont les qualités de bon sens et de raison garantiront son mari contre toutes rechutes.

Les voeux du docteur et de sa femme sont donc remplis et, pour tout dire, ils seraient au comble du bonheur et même de la gloire, - si la gloire avait jamais figuré pour quoi que ce soit dans le programme de leurs honnêtes ambitions.

On peut donc assurer dès maintenant que l'avenir appartient aux efforts du docteur Sarrasin et de Marcel Bruckmann, et que l'exemple de France-Ville et de Stahlstadt, usine et cité modèles, ne sera pas perdu pour les générations futures.

TABLE DES MATIÈRES
I - OÙ MR. SHARP FAIT SON ENTRÉE
II - DEUX COPAINS
III - UN FAIT DIVERS
IV - PART À DEUX
V - LA CITÉ DE L'ACIER
VI - LE PUITS ALBRECHT
VII - LE BLOC CENTRAL
VIII - LA CAVERNE DU DRAGON
IX - « P. P. C. »
X - UN ARTICLE DE L' « UNSERE CENTURIE », REVUE ALLEMANDE
XI - UN DÎNER CHEZ LE DOCTEUR SARRASIN

XII - LE CONSEIL
XIII - MARCEL BRUCKMANN AU PROFESSEUR SCHULTZE, STAHLSTADT
XIV - BRANLE-BAS DE COMBAT
XV   - LA BOURSE DE SAN FRANCISCO
XVI - DEUX FRANÇAIS CONTRE UNE VILLE
XVII - EXPLICATIONS À COUPS DE FUSIL
XVIII- L'AMANDE DU NOYAU
XIX - UNE AFFAIRE DE FAMILLE
XX   - CONCLUSION

Made in the USA
Monee, IL
15 August 2020